VÉRONIQUE DURRUTY

# ROAD
# BOOK

## Voyageurs du monde

80 pays, 1000 photographies et carnets

Éditions
de La Martinière

Port de Saint-Louis du Sénégal.

« Un voyage se passe de motifs.
Il ne tarde pas à prouver
qu'il se suffit à lui-même.
On croit qu'on va faire un voyage,
mais bientôt c'est le voyage
qui vous fait, ou vous défait. »
Nicolas Bouvier, *L'Usage du monde*

© 2010 Éditions de La Martinière, une marque de La Martinière Groupe, Paris
ISBN : 978-2-7324-4274-7
Connectez-vous sur www.lamartinieregroupe.com

Conception graphique : offparis.fr - Anne Ponscarme et Olivier Fontvieille

À papa, parti pour son plus long voyage. Sans bouger de la maison des Landes, armé de cartes et de livres, tu m'as fait faire le tour du monde, montré les ports et leurs accès, appris ouragans et alizés ; tu m'as donné le goût d'ailleurs.

Lutte sénégalaise.

Ce livre est un voyage réel et un voyage rêvé, celui qui reste, une fois les images et les souvenirs passés au laminoir, concentrés pour tenir dans un livre de plus de trois cents pages, pour devenir finalement peut-être encore plus vrai, vingt ans sur les routes de plus de quatre-vingts pays, seule, en couple, avec un ami, ou avec ma petite fille du vent, ou à trois comme une petite famille nomade. Un tour du monde subjectif, où l'on ne voit ni le Taj Mahal, ni la tour Eiffel, ni la Grande Muraille de Chine, mais où l'on retrouve l'ambiance brinquebalante d'un bus qui traînaille, le goût d'une brochette de saté ou d'une source d'eau fraîche en Amazonie, le ni oui ni non des Indiens, qui à la manière d'un pendule hypnotise pour nous séduire à jamais, la couleur douce des glaces arctiques sous le soleil de minuit.

Car je voyage pour m'éblouir, m'émerveiller à chaque seconde de l'indestructible beauté du monde et des hommes, malgré tout, je voyage pour fuir et découvrir, pour me retrouver, pour rencontrer avec des sourires ceux à qui je ne peux parler, et qui me donneront plus que ceux que je vois tous les jours ici, je voyage pour la surprise de découvrir matin après matin, chaque matin, un ciel bleu dans une Birmanie au cœur de la saison sèche où il fait beau aujourd'hui de façon sûre, *chouette, il fait beau aujourd'hui*, même s'il y fait mauvais ailleurs que dans son ciel, je voyage avec ma fille pour lui montrer et ne pas oublier quelle chance on a d'être nées du bon côté des hommes, ceux qui peuvent voyager, qui mangent à leur faim, qui ont des chaussures, qui boivent de l'eau pure, qui peuvent lire des poèmes et jouer du violon, qui bougent librement, qui pensent ce qu'ils veulent et disent ce qu'ils pensent. Je voyage pour essayer d'apprendre, un temps, le secret du bonheur de ceux qui ont si peu, pour réapprendre à jouir de ce temps qui ici passe lentement, respirer ce vide et m'en nourrir, apprivoiser les secondes, les sentir s'étaler. Et je voyage aussi, soyons francs, pour le bonheur indicible de cadrer dans mon appareil photo, d'essayer d'inscrire sur la surface sensible de la pellicule, au-delà de ce que je vois, les odeurs, les textures, les bruits, les sensations, de partager mon pinceau avec les enfants du cru, timides ou effrontés, gratter, noter, car j'ai si peur d'oublier, et si envie de les partager avec vous, mes voyages.

Première ligne de gauche à droite États-Unis, Polynésie, Vanuatu, Inde. Deuxième ligne de gauche à droite Libye, Sénégal, Chine, Hongrie.

DE F...
... À ATH...

F  R  A  N  C  E        ───        E  S  P  A  G  N  E
A  L  G  É  R  I  E        2003        M  A  R  O  C        S
M  A  U  R  I  T  A  N  I  E        2009        S
B  U  R  K  I  N  A        F  A  S  O        2001        N
C  E  N  T  R  A  F  R  I  C
B  R  A  Z  Z  A  V  I  L  L  E        2008        C
A  F  R  I  Q  U  E        D  U        S  U
M  O  Z  A  M  B  I  Q  U  E        2003
S  E  Y  C  H  E  L  L  E  S        2002- 2006        Z  A  N
K  E  N  Y  A        2002 - 2003- 2004        É  T  H  I  O
É  G  Y  P  T  E        1997        L  I  B  Y  E        2000
1990 - 1991 - 1992 - 1994 - 1998 - 2005        A  U  T  R  I  C  H  E        199
R  O  U  M  A  N  I  E        1990- 1991        T  C  H
R  O  U  M  A  N  I  E        1991        G  R  È  C

8

ARIS
ÈNES

1990- 1991 - 1997 À 2010   P O R T U G A L   1990 - 1994- 2000

990 - 1995 - 2003 - 2004 - 2005 - 2008   C A P - V E R T   2000

N É G A L   2003 - 2009   M A L I   2003

G E R   1997 - 1998   R É P U B L I Q U E

I N E   2002   C O N G O -

N G O - K I N S H A S A   2008

D   2003   S W A Z I L A N D   2003

M A D A G A S C A R   1997 - 2006

I B A R   2002   T A N Z A N I E   2002

P I E   2009   É R Y T H R É E   2005

T U N I S I E   2000   I T A L I E

A L L E M A G N E   1993 - 1994 - 1995 - 2000 - 2008

Q U I E   1990   H O N G R I E   1991

1992- 2007

# FRANCE

→ TAUX D'ALPHABÉTISATION : **99 %**
→ ESPÉRANCE DE VIE : **82 ans**
→ NOMBRE DE VINS : **36 000 crus**

La France ne connaît pas l'extrême, sa campagne est en nuances, en courbes et en rondeurs, son climat tempéré varie imperceptiblement d'une saison à l'autre, lorsqu'on se dit que l'été s'est installé voilà déjà l'automne. Les maisons sont pastel, couleur de pierre ou de rien. Dans les villes, où l'on peut marcher, les immeubles ne grattent pas le ciel, ne veulent pas s'envoler, ils savent la terre où ils sont plantés (car c'est d'elle et des mains des hommes que viennent le vin, les roses des parfums de Grasse, la saveur des cèpes de chêne). Cela s'appelle le bon goût, la douceur, l'harmonie. Comme le cocon rassurant du giron maternel, c'est parfois étouffant et l'on veut s'en extraire, partir, partir par le chemin des écoliers, revoir ses cours d'histoire, Lutèce, les châteaux de la Loire et le regard rigolard de François Ier, suivre les chemins de Compostelle et passer les Pyrénées par le détroit de Roncevaux, nous sommes toujours chez les Basques mais déjà en Espagne.

Paris, c'est le point d'ancrage, c'est là que je digère mes voyages. Ailleurs je fais l'éponge, je laisse les choses se faire. Ici je m'active, jusqu'à ce que l'opportunité de partir se présente, ou que, tout simplement, le désir soit trop fort.

De gauche à droite, première ligne
Église à Locronan, village médiéval de Bretagne, paysage de Champagne, gare d'Austerlitz à Paris, l'île Tome vue de Perros-Guirec.
Deuxième ligne
Les toits de la rue Saint-Denis à Paris, paysage du Vercors, paysage près de Pont-Aven, Vercors.
Troisième ligne
Paysage des Landes, parc de la Villette à Paris, les quais de la Seine et le pont Notre-Dame à Paris, Le Moulin Rouge à Pigalle à Paris.
Quatrième ligne
Verre de vin dans un bistrot parisien, Pays Basque, église Saint-Leu à Paris, les bords de la Loire près d'Orléans.

« Pont Neuf » à Paris

**ESPAGNE** Les Gitans sont arrivés en Espagne
via les Pyrénées au xvᵉ siècle.

Agustín Vega Cortés
24.07.2003

# Six cents ans de désamour entre les Gitans et l'Espagne

**ABC** POUR COURRIER INTERNATIONAL

Le premier document attestant leur présence date de 1425 ; c'est un sauf-conduit délivré par le roi Jean II d'Aragon à Juan et Tomás, qui se disaient comtes de la petite Égypte. C'est précisément le nom « petite Égypte » qui donnera le terme « gitan », par lequel on désigne les Roms en espagnol. Les Gitans sont arrivés en Espagne via les Pyrénées au xvᵉ siècle. Entre 500 000 et 600 000 Gitans [entre 650 000 et 800 000 selon le Conseil de l'Europe] vivent actuellement en Espagne. La région qui en abrite le plus est l'Andalousie, où ils sont près de 300 000, soit 5 % de la population totale. Le reste de la population gitane se concentre essentiellement en Estrémadure, à Madrid, à Valence et en Catalogne. L'éducation, le travail, le logement et la culture sont les principaux problèmes auxquels sont confrontés les Gitans. Chez ce peuple de tradition orale, le taux d'analphabétisme frise les 60 %. Bon nombre d'établissements scolaires essaient d'éviter que les enfants gitans côtoient en classe des non-Gitans, car ils craignent que les parents d'élèves ne se mobilisent et ne s'opposent à cette mixité. Par ailleurs, les programmes scolaires n'intègrent aucun élément de la culture gitane. Résultat ; toutes les écoles ne sont pas disposées à accueillir des élèves gitans, et tous les parents gitans ne voient pas l'école comme quelque chose d'utile pour l'avenir de leurs enfants. Cela se traduit par un taux très élevé d'absentéisme scolaire chez les enfants gitans. On retrouve ce type de situation dans le domaine de l'emploi. L'époque est révolue où les Gitans étaient reconnus pour leurs compétences de forgerons ou pour leur connaissance des chevaux. Aujourd'hui, la majorité d'entre eux vit de la vente ambulante, mais ont souvent du mal à exercer cette activité parce que les autorités locales rechignent à leur délivrer les autorisations nécessaires. On trouve aussi des Gitans, mais en nettement moins grand nombre, dans l'agriculture, la collecte du papier ou de la ferraille, la brocante ou les professions artistiques. Ils éprouvent des difficultés à travailler dans d'autres secteurs parce qu'ils manquent de qualifications, mais aussi en raison du poids des préjugés. Rares sont les chefs d'entreprise qui se risquent à embaucher des Gitans et plus encore à leur confier des postes à responsabilités. Le taux de chômage parmi la communauté gitane est donc très élevé, bien que l'on ne dispose pas de statistiques précises. Fort heureusement, cette situation est en train d'évoluer, et de plus en plus de Gitans font des études supérieures. Comme les Tsiganes ailleurs en Europe, les Gitans espagnols sont aujourd'hui très majoritairement sédentaires. Beaucoup sont dans une situation si précaire financièrement qu'ils en sont réduits à vivre dans des conditions insalubres et se retrouvent marginalisés à la périphérie des grandes villes. Enfin, la culture gitane est encore largement passée sous silence. La plupart des institutions ont une conception plus sociale que culturelle du peuple gitan. Les problèmes auxquels il est confronté en priorité sont certes l'emploi et le logement, mais il ne faut pas oublier que son identité collective découle d'un vécu commun, d'une langue propre, de coutumes sociales, bref, d'une histoire commune. En ce sens, les efforts consentis pour promouvoir la culture gitane ou l'enseignement de la langue gitane, le romani, restent insuffisants. Les Espagnols non gitans doivent pourtant beaucoup au peuple gitan. La langue espagnole a fait de nombreux emprunts au romani, et la culture gitane a également profondément marqué la culture espagnole ; on dit ainsi qu'en Andalousie « *on ne sait pas où finit le gitan et où commence l'andalou* ». Parmi ceux qui ont fait beaucoup pour l'amélioration de la qualité de vie du peuple gitan espagnol et la promotion de sa culture, mentionnons le Gitan Juan de Dios Ramírez-Heredia, député national (1977-1985), puis européen (1986-1994), et aujourd'hui président de l'Unión Romaní espagnole. Par chance, l'Espagne ne connaît que peu de violences racistes, contrairement à l'Allemagne, à l'Autriche ou aux pays de l'est de l'Europe. Le dernier cas a été enregistré en 1993, dans la localité de Mancha Real (province de Jaén, en Andalousie) ; le maire de la commune avait incité les habitants à mettre le feu aux maisons des Gitans pour les expulser du village. Mais le racisme existe tout de même. Il se manifeste par une discrimination plus insidieuse mais permanente. Antonio Torres, secrétaire général de l'Unión Romaní, s'est lui-même vu refuser l'entrée d'une discothèque l'an dernier au motif qu'il était gitan. Ce type d'incident est très fréquent, et il arrive encore souvent que la police arrête les Roms dans la rue pour contrôler leur identité, du simple fait qu'ils sont gitans. www.unionromani.org.

# ESPAGNE

→ TAUX D'ALPHABÉTISATION : **98 %**

→ ESPÉRANCE DE VIE : **81 ans**

→ NOMBRE DE CORRIDAS PAR AN : **2 000**

# PORTUGAL

→ TAUX D'ALPHABÉTISATION : **98 %**

→ ESPÉRANCE DE VIE : **79 ans**

→ POURCENTAGE DE CATHOLIQUES : **85 %**

On n'est vraiment pas si loin. Nous les Basques, on y va pour la journée, pour faire les courses, ou plus encore pour la nuit, pour faire la fête qui est plus belle *de ce côté*, pour grignoter des tapas et manger des pibales. On n'est vraiment pas loin et pourtant ici le soleil implacable dessine les ombres, crée un décor de dessin animé raide et beau. Couleurs fortes, dures, assumées, le rouge du sang de la corrida est sur les lèvres des femmes, dans le vin des cafés qui ne s'arrêtent jamais, les robes du folklore, le drapeau du pays. Bomber le torse. Cambrer les reins. Il faut prendre une posture pour partir en Espagne. Puis fermer les yeux pour mieux voir. La musique flamenca monte doucement, fait vibrer jusqu'au tréfonds de soi, fête tragique, pourquoi a-t-on si souvent cette sensation d'avoir été gitan dans une autre vie ?

La frontière est marquée, Espagne et Portugal se tournent le dos, les montagnes sont bien là pour les séparer, modestes mais présentes, le Portugal s'y adosse et étale son grand corps face à la mer, boit l'Océan par tous ses pores, sous les pieds, sur la tête, sur la peau du ventre. Côté mer on s'est lancé dans l'infini, on a égrené de petits « Portugals » partout ; Canaries, Cap-Vert, Goa, Macao… Mais c'est dans les terres que l'on comprend ce désir de fuir, ces terres sèches et jaunes aux maisons de chaux blanche, aux femmes noires comme des fantômes, où l'air même semble solidifié, palpable.

EN HAUT
Les moulins à vent de Don Quichotte dans la Mancha.

EN BAS
Fête de village près de Porto.

Distributeur de boissons fraîches dans un café.

# ALGÉRIE

→ TAUX D'ALPHABÉTISATION : **75 %**
→ ESPÉRANCE DE VIE : **72 ans**
→ NOMBRE DE FRANCOPHONES : **21 millions
sur une population de 35 millions**

Je suis arrivée par la mer, Alger la Blanche porte
si bien son nom, comme une réplique de Paris,
passée à la chaux, pour faire cligner les yeux, réfléchir
encore la lumière nette de la mer, cacher la kasbah
qui la nie et serpente, dédale infini, jusqu'en haut,
au Palais. Peine perdue.

Dans la kasbah d'Alger :
hommes dans un café,
lieu exclusivement masculin
qui sert quelques cafés,
quelques thés, quelques
cocas et beaucoup
de dominos.

# MAROC

→ TAUX D'ALPHABÉTISATION : **56 %**
→ ESPÉRANCE DE VIE : **72 ans**
→ ÂGE MOYEN DU PARC AUTOMOBILE : **19 ans**

Il s'appelle Mohamed (*Mohamed couscous*, s'amusent à dire les Mohamed des lieux touristiques). Il a fait du droit à Casa, il n'a pas trouvé de travail, il est revenu au village, il vend les dattes de son jardin au bord de la route, sur les gorges du Ziz, un décor si beau qu'il en paraît faux, falaises rouges, palmiers, village en pisé couleur de roche, et la kasbah, abandonnée mais encore fière, il pleut si peu ici, la pluie mettra longtemps avant qu'on la prenne en pitié. Dans la cour de sa ferme, un pressoir en pierre pour les olives, et l'âne qui le tire (en ce moment, c'est hors saison, l'âne chôme). Il lit les journaux et rêve d'ailleurs, de l'autre côté des gorges.

Chefchaouen.

Ci-dessous
DE GAUCHE À DROITE, PREMIÈRE LIGNE
Erg el Chebbi, vallée du Ziz,
village de Taouz, tente caïdale
dans la région d'Erfoud.
DEUXIÈME LIGNE
Melons d'Espagne dans un
marché de Tanger, médina
de Fez, épices à Essaouira,
pâtissier à Fez.

EN BAS
L'ombre de la kasbah
dans le village de Mohamed,
gorges du Ziz.

DOUBLE PAGE SUIVANTE
Sahara marocain.

« Les erreurs sont dans
les chiffres, les solutions
dans les hommes. »
*Dicton marocain*

Médina d'Asilah, sur la côte atlantique au nord du Maroc. On dit ici que celui qui n'a pas vu un coucher de soleil à Asilah a perdu la moitié de sa vie.

Dans un restaurant à Ifrane, dans le Moyen Atlas.

La (semi-)mondialisation et le problème des déchets, par le petit bout de la lorgnette : babouche copie Vuitton abandonnée dans l'Atlas marocain.

Quoi de plus caractéristique de l'artisanat marocain qu'une babouche copie Vuitton ?

Je photographie les déchets comme je voyage, glanés au hasard des rencontres, je m'arrête sur ceux qui sont assez forts pour retenir mon regard, le tirer vers le bas, alors qu'habituellement j'erre plutôt le nez en l'air. Ils ont été jetés, négligemment, rageusement parfois, sans même la sépulture d'une poubelle. Je m'approche, tout près. Je m'agenouille, je me recroqueville. Je tourne autour, je les apprivoise, je les regarde raconter leur histoire, unique ou banale. Je laisse la lumière les caresser, révéler leur beauté usée. Les photographier, c'est les sauver de la mort, garder leur souvenir à jamais. Ces déchets isolés racontent l'histoire d'où ils sont aussi, car leur nature, leur usure sont autant d'indices, et puis, même tout près, il reste toujours un petit bout du lieu, brin d'herbe, poussière, macadam. Les déchets disent la fausse uniformisation du monde, les relents du colonialisme, la pauvreté, la fête. Photographier ce que l'on occulte, rentrer de voyage avec comme meilleur album souvenir des traces de ce qui n'aurait pas dû être là.

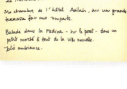

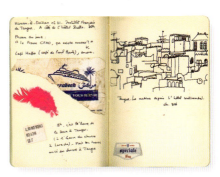

23

Dans la médina de Tanger.

Tanger, rêver face à l'Europe.

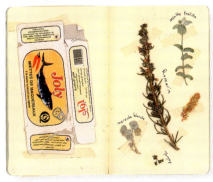

# CAP-VERT

→ TAUX D'ALPHABÉTISATION : **84 %**

→ ESPÉRANCE DE VIE : **72 ans**

→ POURCENTAGE D'HOMMES AYANT PLUS D'UN PARTENAIRE
UTILISANT UN PRÉSERVATIF : **69 %** MEILLEUR TAUX D'AFRIQUE

Ce qui marque avant tout, c'est le vent. À l'inverse du bol d'air marin qui fait respirer, et auquel on pourrait s'attendre en quittant la touffeur du continent, c'est un vent presque sournois, bruyant, stérile et chaud, qui assèche et épuise, ne cesse jamais, vous poursuit partout, sauf dans les quelques bars de Santa Maria aux rues assez étroites, et aux murs assez larges pour vous en libérer quelques heures (il vous attend à la sortie, continue même la nuit, pas de répit). Cette île s'appelle Sal, le sel, elle en a le côté rêche, crêpe étale posée sur la mer. Alors, on prend le bateau pour d'autres îles. Sao Nicolau, aux promesses de cadeaux d'avant Noël, Santo Antao, ses montagnes végétales d'une exubérance retrouvée. Sao Vicente enfin, l'île musicale magicienne qui transforme sa souffrance en jouissance, en déverse le trop-plein à tel point que pendant le carnaval de Mindelo, la ville capitale, on déconseille aux femmes de prendre des bains de mer, car les vagues portent tant de semence qu'elles peuvent vous engrosser, filles-mères de la mer.

Homme de Sao Nicolau.

Ni un cap, ni très vert.
Chapelet d'îles dont les hommes
rétrécissent la mer, raccourci
qui nous mène déjà presque en
face, à Cuba, dans les multiples
couleurs de peau, les rythmes,
les couleurs pastel des maisons
– et le goût du rhum.

# MAURITANIE

→ TAUX D'ALPHABÉTISATION : **56 %**
→ ESPÉRANCE DE VIE : **57 ans**
→ POURCENTAGE DE MUSULMANS : **100 %**

La Mauritanie se dérobe comme une princesse cloîtrée du désert. Je l'ai approchée par la terre, longuement longée depuis le Maroc, depuis l'Algérie, par la mer lorsque le voilier qui faisait tout le tour de l'Afrique devait me poser à Nouadhibou, tout au nord, lieu indicible aux épaves échouées, parsemées dans un décor de fin du monde, ville fantôme aux rues de sable peuplées de formes aux robes fluides, diaphanes. J'y suis rentrée par le sud, en traversant le fleuve Sénégal, à plusieurs reprises, et, oui, la Mauritanie se dérobe. C'est un pays de désert. On le sent dès le fleuve passé : de ce côté, on a basculé au Sahara, tout le dit, la terre, la peau, les maisons de banco, les hommes faits à la vie dure.

Au bord du fleuve Sénégal.

En attendant que le taxi-brousse se remplisse, Dakar.

# SÉNÉGAL

→ TAUX D'ALPHABÉTISATION : **43 %**

→ ESPÉRANCE DE VIE : **56 ans**

→ NOMBRE DE BUTS MARQUÉS PAR NIANG
DEPUIS LE DÉBUT DE SA CARRIÈRE PRO : **145**

« Ici, on tue le
temps, chez vous,
c'est le temps
qui vous tue. »
*Ali, Gorée*

On pense qu'on est en pleine Afrique mais non,
le Sénégal est une borne, le début et la fin des
grandes traversées ; le Paris-Dakar, l'île de Saint-
Louis, le havre après l'épreuve du désert, dernière
étape de l'aéropostale avant la transatlantique, on
y retrouvera les traces de Mermoz, et la tristement
célèbre île de Gorée. Quelle force a cette petite île
pour garder sa douceur, ses nuances et sa noncha-
lance après des siècles d'esclaves, de sang et de
cris ? Les rues de sable mœlleux absorbent tout, le
trop-plein de bruit, d'agression, elles tamponnent
la souffrance pour que seul reste le sourire.

**SÉNÉGAL** Le rap poétique est une façon intéressante de redonner du lustre à l'enseignement du français dans les écoles sénégalaises – telle est la conviction d'un conseiller pédagogique.

Birame Faye
15.01.2009

# Le hip-hop à la rescousse du français

*LE QUOTIDIEN* POUR COURRIER INTERNATIONAL

Face à l'ampleur de la baisse du niveau du français, le conseiller pédagogique de l'Inspection d'académie de Kolda [une ville du sud du Sénégal] Tidiane Sylla entend vulgariser un outil pédagogique articulé autour de la musique rap pour la résurrection de la poésie à l'école. Dans le cadre des rencontres hip-hop initiées par l'Institut culturel français Léopold Sédar Senghor de Dakar, il animait le 9 janvier dernier une conférence centrée sur la pédagogie du rap. Ce nouveau concept de rap poétique permet au professeur de français de jauger la compétence linguistique de l'élève, gage de bonnes dispositions communicationnelles. L'avantage du rap est aussi qu'il autorise l'étude des textes ayant un soubassement culturel francophone, ajoute Sylla, conformément à la loi d'orientation de l'éducation de 1993. Selon le conférencier, les élèves étudient depuis longtemps des textes qui reflètent des réalités sociales d'ailleurs ou d'une époque révolue, ce qui n'aiguise guère leur appétit. Les rappeurs, en revanche, abordent des thématiques qui reflètent leurs angoisses, leurs joies et leurs aspirations au mieux-être. L'analyse grammaticale et lexicale des textes peut révéler un intérêt comparable aux poèmes classiques. «Les élèves ont des prérequis du fait que leur génération a eu le privilège d'intérioriser la culture hip-hop.» L'esthétique du rap est à chercher dans les sonorités. Elles suscitent un effort d'écoute qui fait défaut aux textes classiques. En atteste le célèbre vers de Verlaine qui prône «de la musique avant toute chose». Les élèves les plus réticents à lever le doigt s'expriment quand il s'agit de parler du rap. La communication devient plus facile à établir. S'appuyant sur Senghor et Homère, Emmanuel Faye, le modérateur de cette rencontre, abonde dans ce sens en soutenant que «le poème n'est accompli que s'il devient chant et musique». Il revient aux professeurs de français de calquer leur méthodologie sur celle de leurs collègues enseignants d'anglais qui incitent leurs élèves à découvrir des célébrités comme Bob Marley ou des grands noms du rap ou du jazz. Ces enseignants font leurs cours à l'aide de la musique anglophone, ce qui a entraîné une véritable passion chez les jeunes. Le rap est donc un instrument qu'on peut utiliser pour la renaissance de la poésie à l'école. Nombre de participants [à cette rencontre] ont regretté la mort des séances de récitation, qui étaient des moments pédagogiquement uniques. En outre, l'enseignant doit adopter une posture d'accompagnateur qui doit chercher la corrélation entre les grands courants littéraires et la musique rap, afin de montrer le rapport entre les rappeurs, dont les textes constituent un instrument de revendication sociale, et le réalisme du XIXe siècle.

> Ce nouveau concept de rap poétique permet au professeur de français de jauger la compétence linguistique de l'élève, gage de bonnes dispositions communicationnelles.

Abdou, membre du Football Club de Richard Toll.
PAGE DE DROITE, DE HAUT EN BAS ET DE GAUCHE À DROITE L'île de Ndar Guedj à l'extrême nord du Sénégal.
PREMIÈRE LIGNE Récolte du sel sur le lac Rose, Richard Toll, Saint-Louis-du-Sénégal, Ndioum. DEUXIÈME LIGNE Ndar Guedj, Richard Toll, Ndioum, Podor.
TROISIÈME LIGNE Le village de Podor sur les rives du fleuve Sénégal.

Femme peule de Dakar.

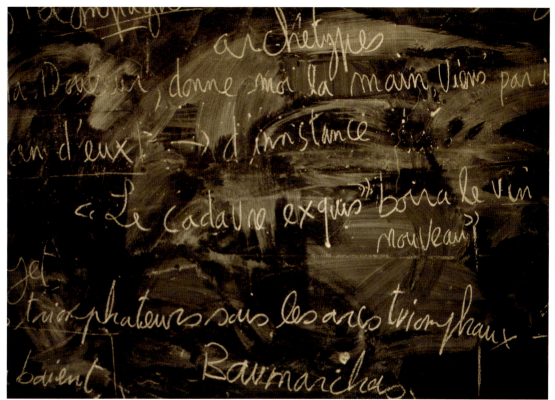

Tableau de classe à Saint-Louis. J'ai découvert le plaisir
des mots, adolescente, lorsque je vivais à Tunis, en lisant
les ouvrages en français d'écrivains africains et nord-africains,
de Léopold Sédar Senghor à Mohamed Choukri.
La rhétorique des Sénégalais qui parlent en français m'enchante,
création poétique métisse, des siècles d'oralité africaine
et une maîtrise du français que peu d'entre nous possèdent.

Le vieux palais de justice de Dakar, qui sent le papier oublié.

En haut Village de pêcheurs près de Richard Toll. En bas Gorée.

Je m'assieds par terre et je dessine. Ça ne rate jamais, bientôt je ne peux plus, mon sujet est bouché; je suis entourée d'une foule compacte, souvent des gamins. Ils crient, ils s'exclament, ils commentent. Alors je leur prête mes crayons, le dessin est une autre rencontre. Les enfants plus souvent jouent le jeu, les adultes ont plus de mal, plus de retenue, plus de complexes, constante mondiale. Le rituel est partout le même, quel que soit le continent, quel que soit le pays. Ils hésitent et le plus téméraire prend le crayon. Long conciliabule. Les premiers dessins sont des sujets consensuels, longuement mûris, soumis à l'approbation du groupe, qui parfois suggère quelque détail, quelque correction. Puis tous veulent s'y mettre, pagaille car je n'ai qu'un carnet; phase suivante, chacun prend son tour, dessine sa vie, son pays ou son rêve. Le rituel est le même mais le résultat si varié, chaque pays a sa manière, le poids de l'école, de la religion, de l'habitude de dessiner, prendre un crayon ou un pinceau, dessiner librement ou reproduire, à main levée ou avec des règles, des compas, des carreaux. Le lendemain, ils reviennent, le rendez-vous est pris. Un jour, je pars, j'ai leurs dessins avec moi, et eux, que gardent-ils de nos rendez-vous?

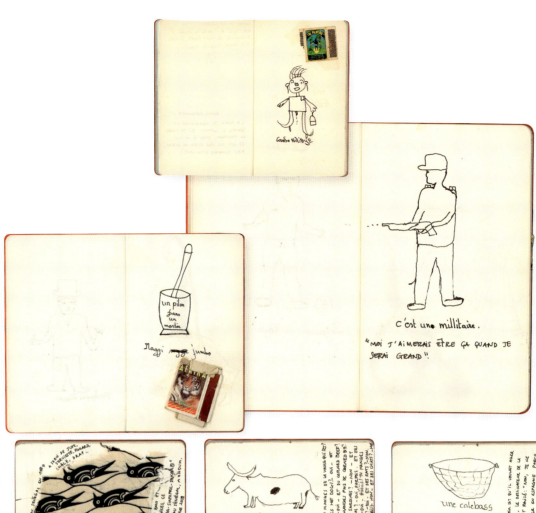

Saint-Louis.

# MALI

- → TAUX D'ALPHABÉTISATION : **23 %**
- → ESPÉRANCE DE VIE : **48 ans**
- → NOMBRE DE DISQUES D'ALI FARKA TOURÉ : **19**

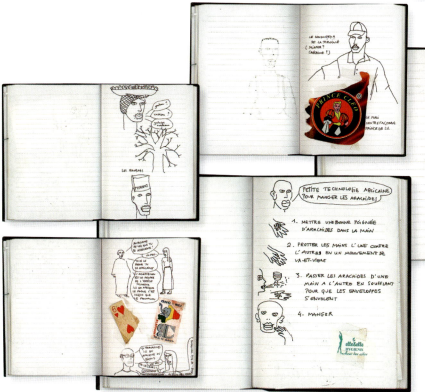

« Le plus court chemin
d'un point à un autre,
ce n'est pas la ligne droite,
c'est le rêve. »
*Proverbe malien.*

Attention les oreilles, les Maliens font l'une des meilleures musiques du monde ! Suivons le rythme en descendant tout naturellement le fleuve qui porte le nom d'un autre pays, le Niger. Ça commence en feu d'artifice, à Bamako ; il y en a partout, au bord du fleuve, dans la ville, des groupes inconnus en live, les disques de stars, de Boubakar Traore à Salif Keita, qui avant de « monter à la capitale » est justement né à Djoliba, qui signifie *fleuve Niger* en bambara. Plus loin, Diafarabe, petit village en banco semblable à tous les autres villages du bord du fleuve, s'anime follement une fois par an pour la traversée des vaches ; la musique et les danses peules durent toute la nuit. Niafunke, enfin, qui

vibre des ondes d'Ali Farka Touré, qui laisse à jamais sa musique au village.

Le bleu, c'est la couleur des Peuls. Bleus sont les ornements des vaches pour les fêtes, bleus les tatouages des femmes. Les vaches et les femmes portent toute la richesse des Peuls nomades, bijoux d'ambre et d'or pour les unes, viande et lait pour les autres, promesse de futur pour les deux, bonnes mères prolifiques, à tel point qu'on pousse leur ressemblance, tatouages bleus en forme de mufle de vache autour des bouches des femmes. La traversée des vaches est la plus grande fête de l'année. À la saison des pluies, les éleveurs peuls semi-nomades

EN HAUT
Danse des femmes
peules lors de la fête
de la traversée
des vaches, à Diafarabe.
DE GAUCHE À DROITE
Ville principale du pays
dogon, pinasses
sur le fleuve Niger,
salle de classe dans
un village du pays dogon.

installent leurs campements dans la région du village du patriarche. Lorsque les pâturages de la rive nord du fleuve Niger deviennent trop secs, les troupeaux de bétail doivent changer de rive pour trouver des terrains plus riches. Le coup d'envoi officiel de la transhumance est donné lors de la traversée du fleuve Niger dans le village de Diafarabe, dont la date est déterminée au plus haut lieu. Plusieurs jours à l'avance, le bétail commence à arriver et se masse sur la rive face au village. Le jour J, des dizaines de milliers de vaches sont prêtes pour la grande traversée, orchestrée par un patriarche élu par la population, qui remet son titre en jeu chaque année. Les pasteurs décorent les plus belles têtes de leurs troupeaux de parures indigo. Ils font évoluer leurs troupeaux pour montrer la musculature de leur bétail, leur beauté, leur domination sur lui aussi. Ils les font passer sous des capes colorées, les font « danser ». Puis la spectaculaire traversée du fleuve commence. À perte de vue les

troupeaux nagent, soufflent, se bousculent. Au loin, ils semblent d'interminables colonnes de fourmis. Ils progressent sous les cris et la badine des bergers gardiens qui nagent auprès d'eux, car les vaches les plus rapides et les plus fortes seront primées (et surtout, feront la fierté de leur éleveur pour l'année à venir). De l'autre côté du fleuve, toute la population encourage ses favoris. Toute la population ? Presque. La gent féminine est absente, à l'exception de quelques grands-mères. Les femmes ont autre chose à faire : après les vaches, ce sont elles qui seront à l'honneur. Elles sont en train de se faire belles, et ne sortiront qu'en fin de journée, quand elles seront parfaites et que la lumière sera douce, parées de leurs plus beaux vêtements et arborant tous leurs bijoux. Car la fête est prétexte à une sorte de « marché du mariage ». Après avoir fait danser leurs vaches, les Peuls regardent danser les femmes, jaugent leur élégance et leur beauté, pour repérer leur future femme, ou une liaison moins durable.

# BURKINA FASO

→ TAUX D'ALPHABÉTISATION : **29 %**
→ ESPÉRANCE DE VIE : **54 ans**
→ POINT CULMINANT : LE TÉNAKOUROU, **747 mètres**

Au mois d'avril, au Burkina Faso, tombent quelques premières pluies, à la saison des mangues. Alors on appelle ça « la pluie des mangues ». C'est une bonne saison pour le repos des hommes ; les récoltes sont terminées, et les champs sont trop secs pour déjà replanter, c'est la saison des fêtes. Dans le pays bobo – ni bourgeois, ni bohème, les Bobos sont l'ethnie de cette région du Burkina frontalière du Mali –, on célèbre les funérailles d'anciens, des cérémonies pour que la saison des pluies soit bonne ou que la paix règne dans le village, et à chacune de ces occasions, « les masques sortent », comme on dit ici.

Parfois les hommes — moi, parfois — n'ont plus d'âme, pures mécaniques automatiques. Ici, même les animaux en ont une, et chaque homme a son animal en lui. Seuls les initiés le savent. Eux, ceux qui revêtent le masque d'antilope, de papillon ou de lion, ils ne se déguisent pas, ils ne jouent pas un rôle, ils *deviennent* le masque. Cela seul explique que le masque de gazelle puisse sauter si loin, le masque de papillon s'envoler si haut. Il faut laisser de côté notre esprit cartésien, il ne faut pas chercher à comprendre, et je l'ai vu, de mes yeux vu.

Scènes de rue et de marché à Bobo-Dioulassio et sa région, fête des masques dans le pays bobo.

Peut-il rêver encore ? Bobo-Dioulassio.

Au Burkina Faso,
les hommes veulent
être des hommes.
Alors, ils appellent
leur pays « pays des
hommes intègres ».

# DORMIR EN VOYAGE

**On a envie de garder les yeux ouverts.** Car enfin on est en voyage, fermer les yeux c'est rater une découverte (en même temps, il faut fermer les yeux pour mieux sentir, mieux écouter, mieux ressentir). Et puis, dormir en voyage, c'est à chaque nouvelle étape apprivoiser les lieux, flotter chaque matin un instant, réveillé dans une irréalité floue, hors du temps, hors espace, peut-être une avant-première du paradis.

Toulouse, France.

Où suis-je ? Quelle heure est-il ? Quels sont ces murs, cette lumière ? Il y a aussi le plaisir de choisir son lieu, renouvelé à chaque village. Quel est l'hôtel avec du charme, de bonnes ondes, un sourire qui transparaît au-dehors ? Où est celui qui n'est pas trop crade, ou bien celui qui n'est pas très net mais si accueillant ? Quel est celui où l'on aura envie de rester, traîner, sentir le pays sans sortir de la cour ? Celui où l'on sera chez soi ? Certains hôtels suffisent au voyage, on y retourne pour retourner là, précisément. Il y a le *Broadlands Lodge* à Madras. J'aime l'Inde, mais je n'aime pas Madras, trop de bruit, trop de fumée, trop de pauvreté trop visible. Sans le *Broadlands Lodge*, je filerais directement vers le sud, avant je m'arrêtais à Mahabalipuram, temples et rues de sable, bord de mer où les familles indiennes en se tenant la main trempaient les pieds au crépuscule.

Dormir sans hôtel enfin, dans les trains de nuit, couchette dure, couchette molle.

PAGE DE DROITE EN HAUT Ouagadougou, Burkina Faso. EN BAS, DE GAUCHE À DROITE Dakar, Sénégal. Bombay, Inde. Alchi, Ladakh. Yulong, Tibet.

Maintenant, il faut pousser plus loin, Mahabalipuram s'est transformé en station balnéaire internationale, spas haut de gamme et âme enfuie. Le *Broadlands Lodge* de Madras demeure. Et l'on peut y rester, tout un voyage immobile en goûtant toute l'Inde, dans le dédale de cours bleues chaulées, respirer l'encens posé au pied de l'arbre sacré, se faire livrer un *tchaï* (thé) du dehors, écouter au-dehors les rumeurs des temples.

Dormir sans hôtel enfin, dans les trains de nuit, couchette dure, couchette molle, bus de nuit de luxe au Chili ou dos cassé en Bolivie, poser son hamac entre deux arbres dans la forêt ou sur une plage, planter sa tente, partager une yourte, passer la nuit dans une gare entre deux trains, et les plus belles rencontres, être invité tout sourire dans la maison du prince de Chitral ou d'un paysan du Maroc. Ou celle de cette femme, qui n'était pas sortie de sa maison depuis son mariage, quinze ans auparavant, pour qui c'est moi qui représente « l'ailleurs », piètre fenêtre sur le monde, et qui lorsque je partirai me dira « *Please don't forget me !* »

# NIGER

→ TAUX D'ALPHABÉTISATION : **29 %**
→ ESPÉRANCE DE VIE : **53 ans**
→ PROGRESSION ANNUELLE DU DÉSERT : **200 000 hectares**

C'est le dénuement extrême. Dans tous ses sens : un enfant maigre et nu dont les animaux ne sont pas en peluche, qui garde ses troupeaux. Des repas de guingois. L'eau rare, bien trop rare. Et les belles valeurs du rien, celles des derniers vrais nomades qui se meurent, et qui sont si à la mode ici où l'on crève de trop-plein, malgré les *crises*. Ces valeurs parlent comme un médicament miracle, un grigri fantastique mais inaccessible ; légèreté, souplesse, essentiel. Il est atrocement esthétique, le dénuement ; vagues de sable d'un désert d'une aridité outrancière, fondu des maisons de banco, beauté digne des Peuls bororos, lorsque grimés de jaune et coiffés de plumes d'autruche, ils joutent en chansons pour séduire.

Un enfant maigre
et nu dont les animaux
ne sont pas en peluche.

Jeune Pygmée aka aux dents traditionnellement limées en pointe. Derrière lui, un autre enfant porte la hache coudée traditionnelle.

# RÉPUBLIQUE CENTRAFRICAINE

→ TAUX D'ALPHABÉTISATION : **49 %**

→ ESPÉRANCE DE VIE : **48 ans**

→ NOMBRE DE PIÈGES DIFFÉRENTS
QUE SAIT FABRIQUER UN PYGMÉE NOMADE : **200**

Œuvre collective des Pygmées du campement Acoungou, tous âges confondus. Collective comme le mode de fonctionnement des campements, une organisation sans chef, aux décisions collégiales. Et un graphisme inédit, unique dans mes carnets, par ce peuple qui ne pratique ni l'écriture, ni le dessin.

J'ai vu la vie traditionnelle des Pygmées. J'ai suivi les grandes chasses au filet des hommes, les pêches en barrage des femmes, la récolte de koko dans les arbres, j'ai vu faire des pièges si beaux que l'on croirait du *land art*. Je suis partie à la chasse au miel, où l'on trouve les essaims en suivant le vol des abeilles. Maladroite suiveuse dans la grande forêt, blessée car je n'avais pas vu la branche, j'ai été soignée par les plantes qui guérissent. En vingt minutes, les femmes m'ont construit une hutte étanche, bien mieux que ma tente Go Sport. J'ai vu surgir l'esprit Djengui de nulle part, je l'ai vu danser toute la nuit. J'ai goûté aux chenilles, friandises suprêmes. J'ai été bercée aux chants polyphoniques, j'ai vu les femmes danser vêtues de faux-culs de plumes. On a cueilli pas mal de feuilles de koko, on a rapporté de tout petits poissons, si peu pour l'énergie déployée au barrage. On est rentré bredouilles des grandes chasses au filet, et lorsqu'ils furent consultés, les esprits sont restés muets. Alors, il faudra, pour manger, guider les exploitants des compagnies forestières vers les arbres riches, qui seront coupés, qui pour un arbre coupé en arracheront tant d'autres, saignées dans la forêt, terre rouge à vif, animaux décimés, eau des rivières polluée. Je crois que j'ai vu mourir les Pygmées.

NIGER / RÉPUBLIQUE CENTRAFRICAINE / CONGO ET CONGO

Enfant d'une ethnie bantoue de Centrafrique.

Pointe Noire.

# CONGO-BRAZZAVILLE

→ TAUX D'ALPHABÉTISATION : **87 %**
→ ESPÉRANCE DE VIE : **53 ans**
→ NOMBRE DE GORILLES : **3 000**

D'abord il y a Pointe-Noire. Sa richesse visible, plates-formes pétrolières tout près de la côte, on en voit, là, sur les photos. Exportateur de pétrole, le manque s'en fait cruellement sentir, ruptures de kérosène, peu de carburant. La capitale est loin, pas moins en nombre de kilomètres – cinq cents, entre les deux villes –, qu'en difficulté. Autrefois une route existait mais aujourd'hui, en dehors de l'avion, seule une ligne ferroviaire hypothétique – accidents, pannes – relie les deux villes en traînant, parfois en une semaine. Brazzaville est calme, elle garde sur ses façades la trace des balles des Ninjas,

## CONGO-KINSHASA

→ TAUX D'ALPHABÉTISATION : **65 %**
→ ESPÉRANCE DE VIE : **52 ans**
→ NOMBRE DE GORILLES : **200**

Ci-contre
Au Congo, on dit en riant que le minimum pour faire chic est d'avoir non pas un, mais deux téléphones portables, que l'on consulte de concert.

mais elle a aujourd'hui un côté tranquille, provincial, calée dans son écrin de verdure, adoucie par le grand fleuve. Jamais jolie, mais un côté bric-à-brac attachant, à l'image de son quartier *poto-poto* – «gadoue-gadoue» si l'on veut tenter de traduire – où s'entassent habitations, marché à tout, étoffes, viande, chinoiseries, école de peinture, échoppes de grignotage. «De l'autre côté», comme on dit ici, on voit Kinshasa, grande sœur aux accents de Manhattan, moderne, conquérante et terrifiante.

Sauf exception, comme les pygmées qui vivent aux confins de la Centrafrique, la nature, trop brute ici, n'est pas un lieu pour les hommes, qui rêvent d'un monde cent pour cent urbain. Peut-être est-ce parce que la forêt est si proche, là, visible et intense dès les portes des villes ; peut-être fait-elle peur, si puissante encore malgré toutes les blessures qu'on lui inflige. Une faiblesse, et elle prend le dessus, mange les immeubles et les digère. Seuls les enfants savent encore que les animaux sont nos cousins, repèrent les traces d'hippopotames et pistent les gorilles rien que pour voir comme on est proche, eux et nous, puissants et fragiles.

CI-DESSOUS
Le fleuve qui marque la frontière entre les deux Congo, lieu de calme, de rêve, de travail dans les jardins potagers qui le bordent, et de petits trafics permanents.

Végétation dans la lagune, parc national de la Conkouati-Douli.

Poupée de chiffon, marché de Poto-Poto.

En cours de tressage, île Mbabou.

# AFRIQUE DU SUD

- → TAUX D'ALPHABÉTISATION : **87 %**
- → ESPÉRANCE DE VIE : **53 ans**
- → NOMBRE DE LANGUES OFFICIELLES : **11**

# SWAZILAND

- → TAUX D'ALPHABÉTISATION : **84 %**
- → ESPÉRANCE DE VIE : **46 ans**
- → TAUX DE CHÔMAGE : **34 %**

Il ne m'attirait pas, ce pays. J'avais un problème avec les hommes, trop d'histoire lourde, l'apartheid trop proche, trop de puissance blanche visible dans un pays de Noirs. Là-bas je ne me suis pas sentie mieux, les clans sont toujours là, couleur de peau, odeur d'argent, et cette obsession sécuritaire, peut-être juste, sans doute juste, on m'a dit que l'on comptait près d'une mort violente par jour dans un des *townships* près du Cap où je me suis rendue, et dans le pays six fois plus de morts par balles qu'aux États-Unis, cent fois plus qu'en France. On les sent partout, ces quatre millions d'armes détenues légalement, surtout par les Blancs, économie oblige, partout des barrières, des fils barbelés, des gardiens musclés. On dirait une grande prison. Je peux aller des deux côtés de la barrière, mais je reste en prison.

Durban.

**AFRIQUE DU SUD** Nelson Mandela a été libéré le 11 février 1990. Malgré les bouleversements survenus dans la société, les blessures infligées par le régime raciste restent vives et difficiles à résorber.

Kholofelo Mashabela
11.02.2010

# Le combat contre l'apartheid n'est pas terminé

**THE SUNDAY INDEPENDENT POUR COURRIER INTERNATIONAL**

C'est comme si c'était hier. Le 11 février 1990 des milliers de personnes avaient envahi les rues du Cap pour apercevoir la personnalité qui s'était battue si longtemps pour la liberté. Les autres étaient collées devant leur télévision pour regarder ce qui devait ressembler à un moment incroyable pour le pays, celui où Nelson Mandela allait faire son entrée sur le devant de la scène politique de son pays et du monde. Une hystérie collective s'est alors emparée de la population noire et de certains Blancs. On ne sait pas très bien qui a écrit le scénario, mais cela a marqué le début d'une tendance à gérer le processus politique par l'hystérie. La dernière manifestation en est la fièvre qui entoure l'organisation de la Coupe du monde de football, qui aura lieu du 11 juin au 11 juillet. Avant, il y a eu la Convention pour une Afrique du Sud démocratique (CODESSA) et ce qu'elle a apporté. Il y a eu la violence dont ont été victimes les communautés noires. Il y a eu les révélations sur les activités du Bureau pour la coopération civile (CCB). Bien sûr, il y a eu la Vlakplaas [unité secrète antiterroriste pendant l'apartheid].

Il y a eu aussi l'établissement de la Commission électorale indépendante, qui a ouvert la voie aux premières élections démocratiques, peut-être le résultat le plus significatif de février 1990. Puis sont arrivées la reconnaissance internationale et l'acceptation de l'Afrique du Sud en tant que pays dirigé par des Noirs. Il y a eu aussi la Coupe du monde de rugby, en 1995... En somme, un mélange de bon et de mauvais. Tous ces événements ont chaque fois produit le même effet sur notre peuple : celui de réveiller l'hystérie collective. Dans l'accord, la question de la terre fut éludée. À ce moment de notre histoire, la communauté internationale s'est bousculée pour faire de Nelson Mandela un citoyen du monde. L'euphorie se ressentait à plusieurs égards. Le régime de l'apartheid et le Congrès national africain (ANC) s'étaient autoproclamés les acteurs les plus importants

> **Des milliers de personnes avaient envahi les rues du Cap pour apercevoir la personnalité qui s'était battue si longtemps pour la liberté.**

de l'accord négocié qui devait suivre. Par conséquent, toute tentative de constituer un front uni des mouvements de libération était vouée à l'échec. Dans l'accord négocié qui a suivi, la question de la terre fut éludée. Il fut décidé que les terres dont les Noirs avaient été dépossédés avant 1912 ne leur seraient pas rendues et que celles qui leur avaient été prises après 1912 ne seraient restituées que sur la base d'un contrat de vente volontaire. C'est probablement en partie pour cela que la société sud-africaine est aujourd'hui l'une des plus inégalitaires au monde en termes socio-économiques. Car, après février 1990, la réconciliation est devenue une priorité. Si le concept était noble en soi, cela signifiait cependant que la justice ne serait pas rendue. Les personnes coupables de violences institutionnelles envers les Noirs ne seraient pas traduites en justice. Pis, les activités des combattants de la libération seraient jugées suivant les mêmes critères que celles des partisans de l'apartheid. Toujours dans ce désir de réconciliation, *Nkosi Sikelele Afrika*, l'hymne africain de l'espoir, a été mis sur le même niveau que *Die Stem*, un chant

qui célèbre les objectifs de la rébellion [boer] de Slagtersnek [1816]. On a fusionné les deux chants pour créer l'hymne national sud-africain, que la plupart des gens semblent ne pas pouvoir ou ne pas vouloir chanter dans son intégralité. Nous avons vu que l'éthique était jetée aux orties. Dans la course aux premières élections démocratiques, en 1994, certains événements ont commencé à attirer l'attention sur la corruption de la société dans laquelle nous vivons aujourd'hui. Avec l'établissement de la Commission électorale indépendante, on s'est empressé de recruter un personnel suffisamment étoffé pour gérer des élections sur une grande échelle. Cela n'a pas été une mince affaire. Auparavant, seule une infime partie de la population sud-africaine avait le droit de vote. Tout d'un coup, des millions d'entre nous ont pu voter. Au moment où les élus prenaient leurs fonctions et où nous apprenions combien ils gagnaient, nous avons vu que l'éthique était jetée aux orties et que les graines de la corruption avaient été semées. Si le contenu de cet article met le lecteur mal à l'aise, c'est peut-être parce qu'il est temps que quelqu'un fasse remarquer que le roi est nu. Mais ces propos auront-ils le moindre effet, compte tenu de l'hystérie qui entoure le vingtième anniversaire de ce fameux mois de février 1990 ?

Petite fille du Cap.

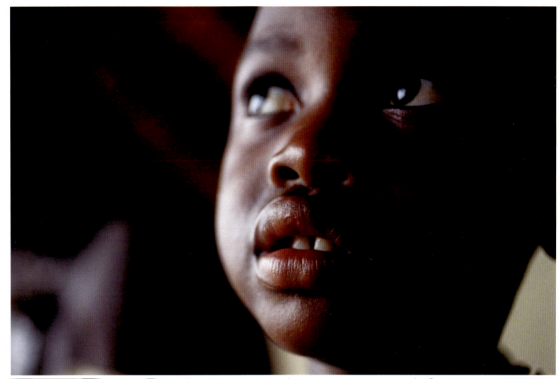

En haut
Enfant zoulou,
région de Durban.

En bas
Swaziland. Enclave coincée
entre deux géants, l'Afrique
du Sud et le Mozambique.

Rien de plus multiculturel que l'Afrique du Sud ; aux onze langues officielles – anglais, afrikaans, zoulou, xhosa, zwazi, ndebele, sepedi, sesotho, setswana, xitsonga et tshivenda –, s'ajoutent les langues des multiples communautés qui y vivent – allemande, grecque, portugaise, arabe, hébraï-que –, et celles des communautés du sous-continent indien installées en Afrique du Sud depuis des générations, dont Gandhi fut l'un des plus célèbres représentants – gujarâtî, hindi, tamoul, télougou, ourdou...

Ci-dessus et page de droite
Le Cap, la nuit.

*La Vache qui rit* est l'amie du voyageur, elle sauve la mise en de multiples occasions. En Afrique surtout elle est toujours là, au fin fond du désert, dans un village paumé. Une armée de représentants invisibles réapprovisionne sans coup férir, elle est accompagnée de Nescafé, le pilier sur qui on peut compter. Elle nous accueille de son sourire, boucles d'oreilles gitanes, rouge de plaisir de nous voir. On négligera les ersatz qui l'entourent, *La Vache rouge, La Vache sportive*, on hésitera : je prends la boîte de douze ou de vingt-quatre ? Parfois on peut l'acheter à la portion, à la sauvette. Elle fera office de beurre, apportera une ration de protéines, d'énergie, un vague goût de fromage qui saura faire madeleine, en rentrant je mangerai un camembert, coulant, avec un bon verre de vin.

*La Vache qui rit* est l'amie du voyageur, elle sauve la mise en de multiples occasions.

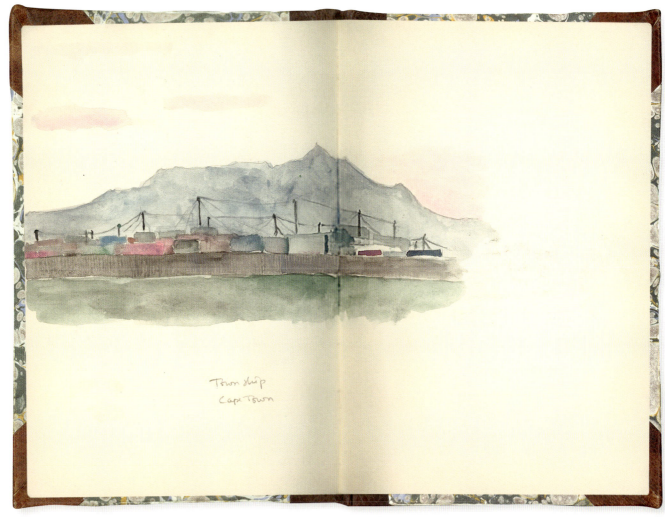

Town ship
Cape Town

Toutes les photos Maputo.

# MOZAMBIQUE

→ TAUX D'ALPHABÉTISATION : **92 %**
→ ESPÉRANCE DE VIE : **43 ans**
→ POURCENTAGE DES MOINS DE 15 ANS : **44 %**

D'abord il y a l'île. Tout au nord. Minuscule. À quelques encablures, un autre îlot que l'on a nommé Goa donne la direction du vrai Goa des Indes. Lieu idéal de l'empire portugais sur la route des Indes, on y échangeait l'or et l'ivoire, les esclaves aussi, terrible sœur jumelle de l'est, de l'île de Gorée à l'ouest. On y a construit des merveilles, palais, églises baroques flamboyantes dont les dieux cachaient la boue humaine, et tout un monde y portait sa pierre : les Arabes pour la structure des maisons avec leurs toits en terrasse qui récupèrent l'eau de pluie, les Indiens pour les volutes, les Portugais pour le baroque, l'Afrique pour les matériaux. Puis la vente des esclaves a été interdite. Un temps, on a continué, en cachette, mais on savait bien alors que c'était le mauvais choix. Ce fut fini. L'île était si petite, il fut facile de la rayer du monde et d'oublier sa mauvaise conscience. Porter la nouvelle capitale le plus loin possible, deux mille cinq cents kilomètres plus loin, tournée vers l'Afrique du Sud. Stone Town n'est pas une ville de pierre mais de corail, fragile.

EN BAS À DROITE
Le carnaval de Maputo.
Le carnaval, « importé »
d'un autre pays lusophone,
le Brésil, a peu à peu pris de
l'ampleur. C'est maintenant
une grande fête populaire.

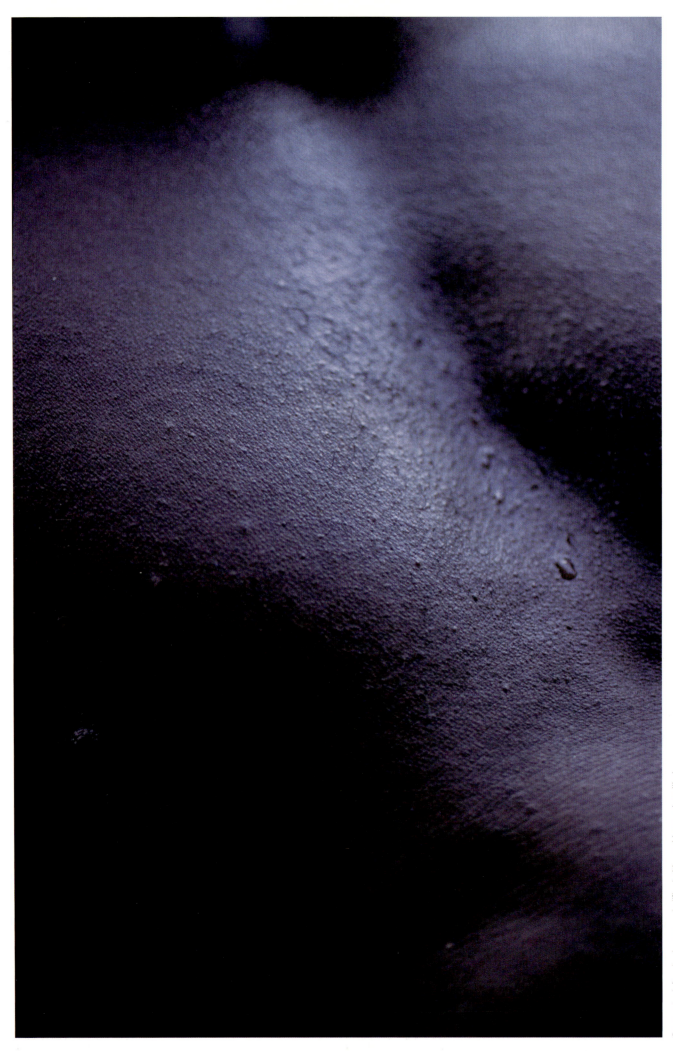

Sueur et misère des hommes de l'île du Mozambique aujourd'hui.

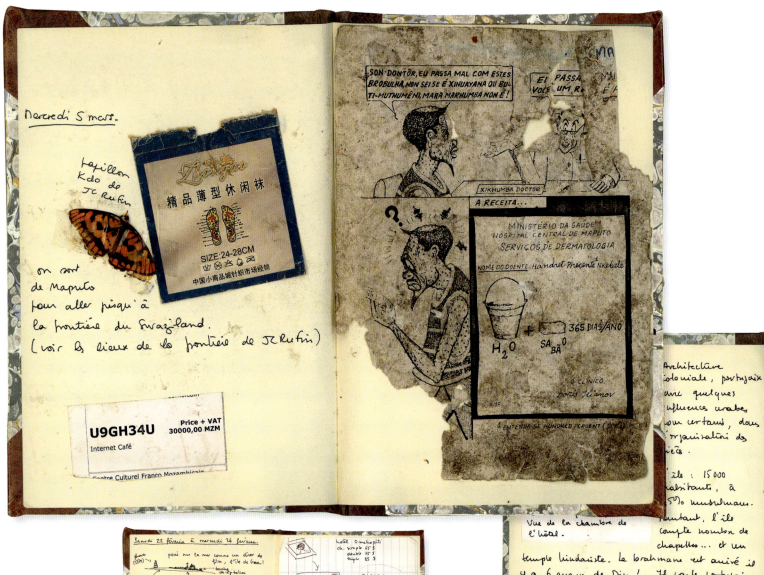

Mercredi 5 mars.

Papillon
Kdo de
JC Rufin

on sort
de Maputo
pour aller pique à
la frontière du Swaziland.
(voir les lieux de la frontière de JC Rufin)

U9GH34U — Price + VAT 30000,00 MZM
Internet Café
Centre Culturel Franco Mozambicain

Samedi 22 février à mercredi 26 février.

des pièces du Mozambique...

Avant de partir en voyage, mes carnets s'entassent, vides, dans mon domicile parisien. Je les achète, au fil de coups de cœur, lorsqu'ils me parlent : matière, couverture, papier – ce matin, j'en ai repéré un dans une boutique du Marais, papier chiffon, couverture carton chair ; si l'envie monte, je reviendrai le caresser et l'emporter pour un prochain voyage.

Stone Town n'est pas une ville de pierre mais de corail, fragile.

Celui-ci, on me l'a offert. C'est un gros carnet en papier bis, avec une belle couverture en carton marbré, tranche de cuir gaufré, ramené d'Italie par un ami qui avait partagé avec moi un voyage chez les pygmées de Centrafrique (j'y avais couvert de moucherons un autre carnet trouvé en Inde). Il s'est imposé à moi lors de ce long voyage de huit mois en Afrique qui m'a emmenée au Mozambique.

Dans le cinéma désaffecté de Stone Town, sur l'île du Mozambique.

L'Africa Bar à Maputo.

---

EN HAUT
Crépuscule à Sainte-Marie.

EN BAS
Christ dans une maison de Diego-Suarez. La majeure partie de la population malgache est chrétienne, un christianisme largement métissé d'animisme.

MOZAMBIQUE / MADAGASCAR / SEYCHELLES

Les yeux des caméléons peuvent se mouvoir indépendamment l'un de l'autre, les Malgaches disent qu'ils ont un œil tourné vers le passé et l'autre vers l'avenir.

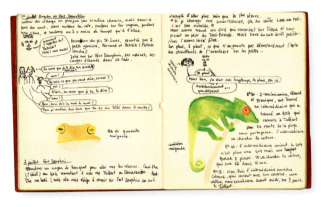

70

Sainte-Marie.

# MADAGASCAR

→ TAUX D'ALPHABÉTISATION : **71 %**
→ ESPÉRANCE DE VIE : **59 ans**
→ POURCENTAGE DE FAUNE ENDÉMIQUE : **80 %**

Il avait largement abusé du rhum local, Dieu, le jour où il a créé Madagascar. Au mépris de toutes les règles arboricoles, les baobabs y ont été plantés à l'envers, racines vers le ciel, et, au lieu de végéter, ils atteignent des tailles de géants. Les lémuriens ont une gueule de chien, une queue de singe, le déhanché d'un chat, un pelage de peluche, et feulent comme des tigres ! Les geckos-bambou sont de mini-crocodiles aux yeux de chouette et aux mouvements de paresseux. Et les caméléons qui réinventent l'art du camouflage, façon taggeurs de la brousse, se parent de toutes les couleurs de l'arc-en-ciel pour mieux se faire voir.

Les yeux des caméléons peuvent se mouvoir indépendamment l'un de l'autre, les Malgaches disent qu'ils ont un œil tourné vers le passé et l'autre vers l'avenir. Près de la moitié des cent trente et une espèces répertoriées dans le monde entier viennent de Madagascar ; le *Brookesia Pearmata*, avec son armure, a l'allure d'un dinosaure miniature de onze centimètres – un géant par rapport au plus petit caméléon du monde, le *Brookesia minima* de trois centimètres. Le plus grand caméléon du monde, également malgache, est le caméléon d'Oustalet, qui peut atteindre soixante-neuf centimètres.

# SEYCHELLES

→ TAUX D'ALPHABÉTISATION : **92 %**
→ ESPÉRANCE DE VIE : **74 ans**
→ NOMBRE D'ÎLES : **115**

Lorsqu'ils ont découvert Praslin, les explorateurs ont cru avoir trouvé le paradis terrestre. Est-ce à cause des cocos-fesses, tout en rondeurs, sexe et fesses à la fois, recto-verso, femmes offertes à profusion sans tête pour penser ni pieds pour s'enfuir ? Est-ce la totale absence de prédateurs, un monde sans autres fauves que les hommes que nous sommes ? Ou tout bonnement l'air, si doux et si chaud, pas trop chaud non, tiède comme il faut ? Les hommes de logique, qui levèrent un sourcil amusé à cette intuition absurde, apportèrent, mais bien plus tard, une pierre à cette hypothèse ; car il fut avéré, ensuite, que les Seychelles, maintenant posées au cœur de l'Océan indien, sont les vestiges du continent primordial, dont seuls subsistent ces quelques rochers émergés, immobiles, alors que tout s'arrachait, l'Europe et l'Asie dérivant vers l'ouest, et la future Asie vers l'est. Oui, on a le sentiment d'être hors du temps, dans un paradis préservé, où se juxtaposent sans se toucher deux

PAGE DE GAUCHE
La forêt de mai sur l'île de Praslin, abritant les cocotiers de mer qui produisent les plus grandes graines du monde végétal, les cocos-fesses. Cette forêt unique a été inscrite au patrimoine mondial de l'humanité par l'Unesco.

CI-DESSOUS
PREMIÈRE LIGNE Anse de la Source d'argent sur l'île de la Digue.
DEUXIÈME LIGNE Anse de la Source d'argent, végétation de la réserve naturelle de la veuve de paradis, anse Beau-Vallon sur l'île de Mahe, anse aux Cerfs sur l'île de Mahe.
TROISIÈME LIGNE Anse de la Source d'argent.
QUATRIÈME LIGNE Forêt de mai, côte de l'île de Praslin au crépuscule, rochers de l'anse de la Source d'argent.

mondes, celui d'une vraie vie, avec villages et villageois, avec des fêtes, des églises et des marchés, et un monde artificiel, enclos design ou en bois blond, caissons étanches pour visiteurs en lune de miel, en recharge de batteries, ou ceux qui viennent faire des photos, alimenter la planète d'images de paradis.

Les explorateurs ont cru avoir trouvé le paradis terrestre.

# ZANZIBAR

→ TAUX D'ALPHABÉTISATION : **70 %**
→ ESPÉRANCE DE VIE : **51 ans**
→ DURÉE DE LA GUERRE ENTRE ZANZIBAR
  ET L'ANGLETERRE, EN 1896 : **38 mn**

Son nom est promesse d'ailleurs. Z, le plus loin possible, la dernière lettre de l'alphabet comme un bout du monde, Z qui zigzague pour faire durer le voyage, Z comme zèbre pour mieux brouiller les cartes et se faire oublier. Et puis il zozotte comme un enfant, c'est un ailleurs aux accents sympathiques, au goût marqué comme les pastilles du début de son nom, comme les épices qui y poussent, poivre, girofle, citronnelle, cacao, toutes ces senteurs qui relèvent les plats. Il fait bon sortir le soir dans les rues de Stone Town. Le noir cache la laideur, rues défoncées, détritus, murs lépreux. Les bâtiments dans la pénombre retrouvent leur splendeur, mettent en avant alcôves et balcons. Et tout au bout, à la fraîcheur de la mer, le marché de nuit fait griller les poissons.

74

Marché de nuit à Stone Town,
la capitale de Zanzibar, dont
la vieille ville aux
constructions swahilies
caractéristiques a été
classée au patrimoine
mondial de l'humanité
par l'Unesco.

# TANZANIE

→ TAUX D'ALPHABÉTISATION : **70 %**

→ ESPÉRANCE DE VIE : **51 ans**

→ NOMBRE D'HECTARES CERTIFIÉS BIO : **23 732**

C'est la première fois que je viens, mais je suis en pays connu. Je les reconnais tous. Je revis en images *Le Lion* de Joseph Kessel. J'y pense à chaque Masai, les jeunes circoncis, capes noires, plumes d'autruche, visage désigné de motifs blancs, qui traînent en groupe dans la savane. Les guerriers vêtus de rouge, grands, beaux, droits, dignes, tache vive verticale dans le paysage paille de la saison sèche, sémaphore signifiant au lion que c'est lui, le roi de la jungle.

Plume de flamant rose
du lac Manyara
3 septembre

La savane - 5 septembre.

Case Masaï décorée. 6 septembre.

77

EN HAUT Marché à la viande (et aux mouches) de Mombasa. EN BAS, DE GAUCHE À DROITE Mombasa, interrupteur chinois dans un bureau de Nairobi, plage de Watamu, tailleur à Mombasa.

# KENYA

→ TAUX D'ALPHABÉTISATION : **74 %**
→ ESPÉRANCE DE VIE : **56 ans**
→ POURCENTAGE DE LA POPULATION
   PORTEUSE DU VIRUS DU SIDA : **13 %**

Il y a tant de Kenya, celui des grands parcs aux grands fauves, celui de la côte, des plages où des Masais athlétiques améliorent l'ordinaire en louant leur corps et leur présence à des femmes blanches un peu usées, il y a les maisons aux portes sculptées de l'île de Mombasa, les fonds sous-marins de Watamu, les bars glauques de Nairobi, les *lodges* chic. Celui que j'ai le plus aimé est peut-être l'archipel de Lamu, chapelets d'îles aux maisons de corail où les voitures sont absentes, où l'on bouge au rythme des hommes, à pied, à dos d'âne ou à creux de boutre.

Charles Onyango Obbo
S30.04.2008

# La Chine ne veut pas d'une Afrique développée !

**THE EAST AFRICAN POUR COURRIER INTERNATIONAL**

Si vous voulez réunir le plus grand nombre de dirigeants africains sous le même toit, demandez aux Chinois quand ils ont organisé le fameux sommet sino-africain de novembre 2006, près de cinquante dirigeants africains ont répondu présent. Le président Bush, qui avait tenté la même chose en juin de l'année précédente, s'était retrouvé avec le chiffre royal de cinq présidents africains. Les Européens ont fait bien mieux que les Américains : une quarantaine de dirigeants africains ont assisté au sommet UE-Afrique de Lisbonne en décembre dernier. Début avril, c'était au tour de l'Inde, avec une douzaine de chefs d'État africains réunis pour le sommet indo-africain. Selon les observateurs, la forte participation qu'a connue le sommet sino-africain et la couverture de qualité qu'il a reçue dans les médias internationaux montraient que la Chine était désormais une grande puissance économique et la superpuissance incontestée de demain. Ainsi, pendant que Bush déclarait que les cinq dirigeants qui lui avaient rendu visite étaient les représentants d'un leadership africain démocratique et réformiste, la Chine invitait les anges, les voleurs et les bouchers sans discrimination. À l'heure où les réserves mondiales de pétrole et de gaz naturel se tarissent et où la demande chinoise atteint des niveaux sans précédent, les plus gros consommateurs du monde s'efforcent de diversifier leur approvisionnement. Les ressources africaines prennent une valeur stratégique de plus en plus manifeste. L'énergie semble bien partie pour provoquer l'avènement du « siècle de l'Afrique » bien plus tôt que prévu. Les chefs d'État, qui, comme le Sud-Africain Thabo Mbeki, avaient proclamé en 2000 que le XXIᵉ siècle serait celui de l'Afrique espéraient que le continent serait mieux formé, plus industrialisé, plus productif et mieux gouverné. Si l'Afrique compte aujourd'hui, c'est parce qu'elle a gagné le gros lot en matière de ressources naturelles. À l'heure où la Chine, l'Europe, l'Inde et les États-Unis

> Si vous voulez réunir le plus grand nombre de dirigeants africains sous le même toit, demandez aux Chinois.

se bousculent pour courtiser les dirigeants africains, le risque existe que ceux-ci se voient de moins en moins incités à entreprendre des réformes économiques et politiques difficiles. On peut en effet avancer que c'est précisément parce que l'Afrique est riche en ressources minérales que la persistance de son arriération économique est nécessaire à la Chine et aux autres pays. Si l'Afrique modernisait son économie et entamait une expansion comparable à celle de la Chine, elle consommerait davantage d'énergie et n'en aurait plus suffisamment à exporter. Les Africains diplômés demanderaient des salaires élevés et se mettraient à parler des dégâts infligés à l'environnement. Et ils ne laisseraient pas aux acteurs hollywoodiens le soin de faire du battage à propos du Darfour. Le siècle africain sera bien différent de la renaissance à laquelle songeait Mbeki.

Dans la synagogue d'un village falasha. Les juifs éthiopiens ont quitté le village mais la petite synagogue émouvante, aux décors naïfs, est toujours là, et permet de temps en temps, en vendant quelques babioles aux rares voyageurs, d'améliorer le maigre ordinaire des villageois.

# ÉTHIOPIE

→ ESPÉRANCE DE VIE : **53 ans**
→ TAUX D'ALPHABÉTISATION : **36 %**
→ NOMBRE MOYEN DE REPAS PAR JOUR POUR 1 PERSONNE : **1**

Je ne vais pas en Afrique pour manger, pour cela, c'est l'Asie qui me plaît, ses saveurs étonnantes, souvent délicates, souvent belles, le geste du wok, le bruit des légumes que l'on lance dans la friture. J'aime de l'Asie aussi cette magie des plats vite faits et bons à la fois. L'Afrique médite sa nourriture, elle doit rassasier, le riz cuit longuement, les plats sont en sauce. Quelle ironie ! En Éthiopie, le pays dont les famines ont tant fait parler les zones trop nourries, et où aujourd'hui encore, manger à sa faim est un luxe – un des objectifs du gouvernement est de permettre aux Éthiopiens moyens de manger deux fois par jour ! –, je me suis régalée. La base, c'est l'*injera*, une crêpe qui sert à la fois d'assiette, de couvert et d'ingrédient principal. Elle reçoit sauce, épices, ragoût de légumes, et un terrible piment rouge, le berbéré.

CI-DESSOUS
Le bus entre Addis-Abeba et Bahar Dar. La religion est partout en Éthiopie. Des prêtres orthodoxes sont passés bénir les passagers avant le début du voyage.

Petit matin dans la vieille ville d'Harar, inscrite au patrimoine mondial de l'humanité par l'Unesco.

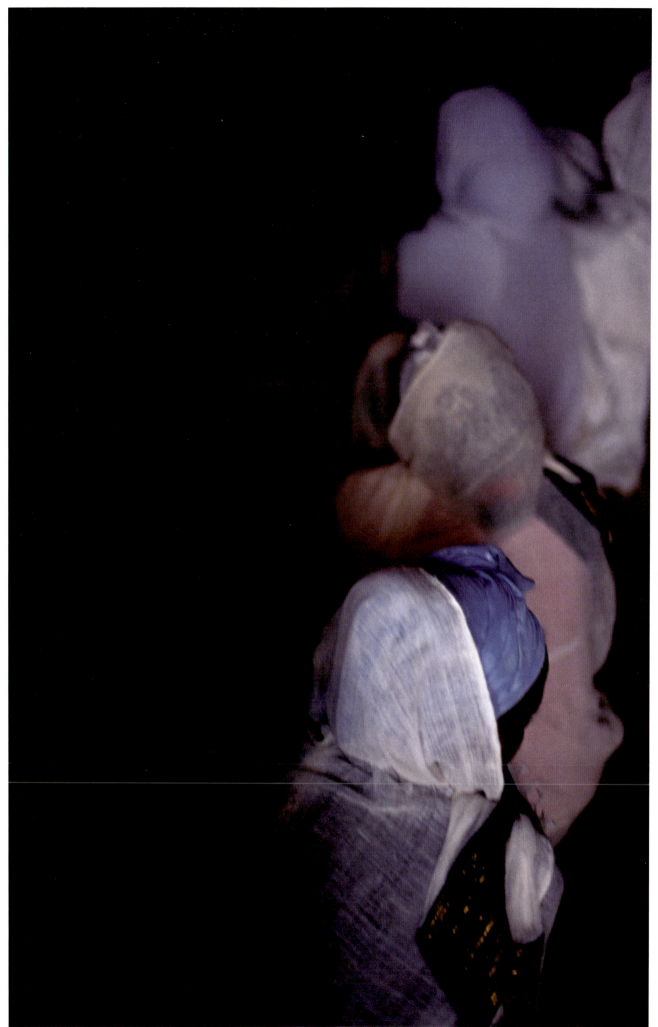

Le côté des femmes pour la messe dominicale, dans l'église semi-rupestre d'Abraha Atsbeha, dans le Tigré.

Je trouve des cartes de cœur dans mes voyages.
Elles viennent à moi. Ce sont rarement des cœurs
en forme. Cœurs délaissés, brisés, cœurs déchirés.
Parfois j'arrive à les reconstituer, je suis contente.
Je les ramasse, je les prends avec moi, tous ces cœurs
abandonnés, j'ai des cœurs du monde entier.

PAGE DE GAUCHE ET CI-DESSOUS
Dans un village des hauts plateaux.

Page de gauche
Transporteur de matelas
au Mercato d'Addis-Abeba,
le plus grand marché à ciel
ouvert d'Afrique, dédale infini
où l'on trouve de tout ;
meubles, quincaillerie,
nourriture, bétail, vêtements,
médecine traditionnelle...

À droite en haut
Vitrine de photographe
à Wukro, dans le Tigré.
En bas Petit matin à Wukro.

PAGE DE GAUCHE
Prêtre dans une église
rupestre de Lalibela.

PAGE DE DROITE EN HAUT
Livre ancien dans une église
du Tigré.

PAGE DE DROITE EN BAS
DE GAUCHE À DROITE, PREMIÈRE LIGNE
Messe à Lalibela, livre sacré,
monastère sur le lac Tana,
restaurant de route
sur les hauts plateaux.
DEUXIÈME LIGNE
Prêtre se protégeant
des flashes d'un groupe
de touristes dans une église
de Lalibela, messe dans
une église du Tigré, autre
restaurant de route, prêtre
disant la messe à Lalibela.
TROISIÈME LIGNE
Restaurant du village de
Wukro dans le Tigré, prêtre
de Lalibela lisant un livre
de prières, jeune branché
dans un bar de Wukro,
marchand de fruits
à Addis-Abeba.

Terrasse de café à Asmara.

La place principale de la petite ville de Barentu.

# ÉRYTHRÉE

→ TAUX D'ALPHABÉTISATION : **64 %**
→ ESPÉRANCE DE VIE : **59 ans**
→ POURCENTAGE DE FEMMES COMBATTANT
   DANS L'EPLF DURANT LA GUERRE D'INDÉPENDANCE : **30 %**

Je n'aime pas les capitales. Souvent la vraie vie, ou du moins ce qui me plaît de la vie, est ailleurs, dans les campagnes, dans les villages où le temps se calme, où l'on peut sentir la terre sous ses pieds. Asmara, c'est l'exception, une capitale à taille humaine, au climat «cool» des hauts plateaux, à la pauvreté moins là. Et puis, il y a les cafés. Les jeunes y vont en jean moulant, les vieux s'y rendent, tirés à quatre épingles, en costume trois pièces et chapeau de feutre. On y sert des expressos mousseux, dont je ne sais s'ils sont héritiers de la cérémonie locale du café ou de la colonisation italienne – peut-être un peu des deux, mais Dieu qu'ils sont bons !

Marché de nuit, Le Caire.

# ÉGYPTE

→ TAUX D'ALPHABÉTISATION : **72 %**
→ ESPÉRANCE DE VIE : **72 ans**
→ POIDS DE LA PYRAMIDE DE KHÉOPS : **5 milliards de kilos**

Le Caire, je l'aime aussi. Pour des raisons inverses de celles qui me font aimer Asmara ; j'aime sa démesure, son fourmillement humain, sa vie qui gagne malgré tout, sa vie qui gagne même sur la mort, même si c'est la misère qui installe les vivants dans les cimetières. J'aime son bruit incessant, j'aime même l'odeur de pollution des voitures mal réglées, qui hurlent dans les embouteillages. Il faut l'avouer, j'aime aussi en sortir tout en y restant, trouver la quiétude d'un café où je resterai longtemps devant un verre de thé amer.

94

DE GAUCHE À DROITE
PREMIÈRE LIGNE Felouque sur le Nil, temple de Louxor, tête d'Anubis dans le temple de Medinat Habu à Thèbes, temple de Louxor.
DEUXIÈME LIGNE Ancien musée Archéologique du Caire, amulette au musée du Caire, temple de Louxor, temple de Medinat Habu.

TROISIÈME LIGNE Masque de Toutankhamon au musée Archéologique du Caire, temple de Louxor, embouteillages au Caire, échoppe de parfums dans le bazar el Khalili au Caire.
QUATRIÈME LIGNE Hiéroglyphes dans le temple de Philae près d'Assouan, cour intérieure dans le vieux Caire, bas-relief

de la vallée des Nobles, temple de Dendara.
CINQUIÈME LIGNE Bateau de croisière sur le Nil, deux détails de bas-reliefs à Medinat Habu, ankh dans le temple de Philae.
SIXIÈME LIGNE Medinat Habu, Philae, tête d'Horus au musée Archéologique du Caire, Medinat Habu.

Femmes de Tripoli.

# LIBYE

→ TAUX D'ALPHABÉTISATION : **87 %**
→ ESPÉRANCE DE VIE : **74 ans**
→ ENSOLEILLEMENT ANNUEL AU SAHARA LIBYEN :
**4 300 heures, le plus important du monde**

Après des heures de route, nous sommes arrivés à Ghadamès. Nous voulions rejoindre Ghât par le désert, trois jours de traversée, à peu près sept cents kilomètres de route vers le sud. Nous trouvâmes vite un 4 x 4 ; son chauffeur, Moussa, vingt ans peut-être, était heureux de se faire un peu d'argent, encore plus heureux de partir avec des étrangers et son copain Aboubak, et plus heureux encore de partir dans le désert. Le jour J, il tardait à prendre le départ, on sillonnait la ville et il criait par la fenêtre : « Sahara ! Sahara ! » Nous aussi, nous étions contents de partir dans le désert, avec Moussa. La première panne eut lieu alors que Ghadamès était encore en vue, une petite panne de rien du tout ; j'eus à peine le temps de ramasser pour mon carnet quelques grains de sable encore assez gros. On s'arrêta peu après, ce n'était pas

une panne, pour prendre le thé dans une famille ; je n'ai pas bien compris ce qu'ils faisaient là au milieu du désert, Moussa et Aboubak ne parlent qu'arabe, la famille du désert aussi, alors on a parlé en sourires, c'était bien chaud avec le thé, mais ça ne disait pas ce qu'ils faisaient là. Autre pause après quelques pannes – à chaque fois je ramasse un peu de sable, il est de plus en plus beau, de plus en plus fin. Autre arrêt volontaire, près d'un puits. C'est vrai que c'est beau, un puits dans le désert. Il est gardé par un homme, Abdou Bretil Djime Zakaria, un Tchadien, tout sourires lui aussi mais il parle français, alors je sais qu'il est là pour six mois, pour garder le puits, avec sa sorte de mandoline en boîte de conserve et sa radio. Et six mois de vivres. L'eau, elle était là. Il était content de nous voir, Abdou ; en hiver, il y a

Notre théière au Sahara.

Moussa s'endort du sommeil du juste. Longtemps.

Jeudi 21 septembre

Sable du bivouac
herbe ayant un rapport avec le thé (?)

Sable du 1er incident technique du jour.

Sable du puits

Dessin traditionnel de Ghadamès.

1, puis 2 taxis collectifs pour Leptis Magna

Trouvé au sol au matin, ça me dit, l'amie du voyageur au Sahara

Bout de bois de la corvée de bois

Sable, arrêt paysage

on a creusé dans une zone caillouteux

Sable de l'erg

Très grosse panne.
Plus du tout de batterie.
Moussa essaie tout pour réparer.
Pousser la voiture dans le sable. Faire démarrer en tirant la roue. Saler la batterie. Recommencer. Sans effet.
Nous sommes, si nous avons bien compris, à 60 km du puits de ce matin.
Le soir arrive, la situation n'a pas changé.

bien deux ou trois camions par semaine qui font la route, mais en cette saison… On reprit les trois thés rituels, on repartit. Puis la lumière se fit douce, on s'arrêta. Pendant un moment on ne fit rien. Que regarder le sable ; c'est si beau le crépuscule en plein désert ! Et écouter le silence. Ailleurs, il y a toujours un cri d'oiseau, un bruit de mer ; ici, c'est un vrai rien. On fit un feu, on avait coupé quelques branches d'épineux au sortir de Ghadamès, on prit trois thés. Puis on dormit sous les étoiles (au matin, il y avait un scorpion sous mon tapis de sol, venu se réchauffer à la chaleur de mon dos). Le thé, et nous partîmes. Peu après le repas de midi ce fut la panne, la vraie. Moussa et Aboubak s'affairaient, ouvraient le moteur, tentaient de faire redémarrer. Puis Aboubak s'effondra. Moussa continua un moment, puis il défit son chèche, s'étala sur le sable en nous montrant le ciel, pour qu'on nous repère en cas de passage là-haut. La nuit tomba, on fit le thé. Moussa et Aboubak parlèrent, puis crièrent. Et Moussa partit, à pied, avec à la main une bouteille d'eau en plastique d'un litre et demi à moitié remplie. Aboubak nous expliqua, je crois, qu'on était près de l'Algérie, qu'il y avait du pétrole exploité juste à côté de la frontière, que Moussa reviendrait nous chercher dans une 4 x 4 rutilante, avant demain matin. Le lendemain, pas de 4 x 4, ni de Moussa. Aboubak fit le thé, nous passâmes la journée calés à la voiture, suivant le peu d'ombre du soleil de septembre. J'entendis des corbeaux, des chiens, des cris même ; nous étions près des hommes, nous serions bientôt sauvés ! Mais les bruits étaient dans ma tête. Passa un jour et passa une nuit. Je pensais bêtement aux récits de Saint-Exupéry ; il faut rester près de l'avion mais c'est en le quittant, en suivant une intuition qui semblait absurde, qu'il fut sauvé. On s'expliqua avec les yeux, avec Aboubak ; sans doute nul ne passerait avant longtemps. Il fallait retourner au puits, soixante kilomètres de marche, et peut-être y arriverait-on ; on avait les traces des pneus, et il n'y avait pas de vent. Oui, dit Aboubak, on partira demain soir, à la nuit. Le lendemain, au lever du jour, Aboubak s'affaire, on prend toute l'eau, des vivres, et le petit miroir d'un de mes boîtiers de maquillage, que je traînais inutilement avec moi. On marche, le vent s'est levé, mais pour l'instant les traces sont là ; le soir, on dort près de l'épineux où on a fait halte le jour de la panne. Le lendemain, on repart, les traces ne sont pas très visibles. Soudain Aboubak s'arrête, se déshabille, agite sa chemise, saute, crie. Il est devenu fou ! Puis moi aussi je les vois ; deux voitures ! (Car, je l'ai appris après, une voiture seule ne part jamais dans ce désert.) Mais les voitures ne nous voient pas, elles se détournent, Aboubak attrape le soleil de mon miroir et les voitures reviennent. En sort un Moussa boitillant, qui nous prend dans ses bras. Il n'avait pas trouvé les puits de pétrole. Il avait continué, au-delà des dunes, dans le désert de caillasse. Les pieds en sang, sans eau, il avait continué à genoux. Ce sont des militaires algériens qui l'ont retrouvé, à moitié mort. Tout de suite, il nous avait cherchés, mais il était perdu, il avait fallu du temps pour qu'il retrouve nos traces. Grand sourire de Moussa : « Mais pourquoi n'êtes-vous pas restés à la voiture ? J'avais dit que je viendrais vous chercher. »

Marché aux poissons
aux enchères de Djerba
(on voit l'annonceur derrière,
juché sur sa chaise posée
sur le stand).

# TUNISIE

→ TAUX D'ALPHABÉTISATION : **78 %**
→ ESPÉRANCE DE VIE : **74 ans**
→ CAPACITÉ D'HÉBERGEMENT
TOURISTIQUE : **200 000 lits**

Ils sont rares, les lieux qui traversent le temps sans se rider. Sur le golfe de Tunis, le *Café des nattes*, à Sidi Bou Saïd, « Sidi Bou » pour les intimes, est de ceux-là. Doucement on grimpe la rue principale, maisons blanches aux grilles bleues ; il est là, égrène ses terrasses, chacune face à la mer, comme dans un théâtre antique (on en verra d'autres, ensuite, en Tunisie). On s'assied, on profite du spectacle imperceptiblement mouvant. Le thé arrive, presque compact, riche de menthe et de pignons, presque caramélisé tant il est sucré, doux comme tout en Tunisie, les lumières, le fond de l'air, le sourire et les gestes des gens.

Détail de motif des carrelages.
Hôtel Djerba ERRiadh.

Le poste-Frontière de
Ben Gardhane

En haut
La fermeture du café à Tunis.

En bas
Rue de Houmt Souk.

# ITALIE

→ TAUX D'ALPHABÉTISATION : **99 %**
→ ESPÉRANCE DE VIE : **82 ans**
→ POIDS DE LA FIAT 500A : **470 kilos**

Je suis à Rome, il pleut, il fait froid. Ce n'est pas grave, il y a les musées et les églises, les cafés aux expressos presque solides. Et surtout, il y a les Italiens. Ils disent *ciao bella*. Et ça fait tellement plaisir. Certes, ils le disent à tout le monde – même, j'en suis témoin, à des femmes qui vraiment, vraiment, même en faisant un effort, ne sont pas belles. Et ils sont bien habillés – du moins ceux qui lancent *ciao bella*, ce matin-là –, ils se sont préparés aux retours de regard sur les *ciao bella* qu'ils lanceraient sous le ciel gris. Je fonds. Je vais apprendre l'italien, et avec le dynamisme qui me caractérise, je m'y suis déjà mise ; *amore, gorgonzola, è pericoloso sporgersi...* C'est un début.

Venise.

Vérone.

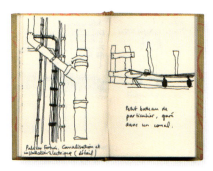

Petit bateau de particulier, garé dans un canal.

Palazzo Fortuni. Canalisation et installation électrique (détail)

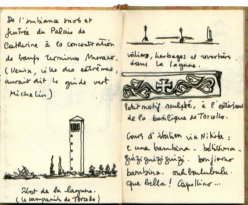

De l'ambiance snob et feutrée du Palais de Catherine à la concentration de boeufs terminus Murano. (Venise, ville des extrêmes, aurait dit le guide vert Michelin)

Îlot de la lagune. (le campanile de Torcello)

viviers, herbages et verotiers dans la lagune.

Petit motif sculpté, à l'extérieur de la basilique de Torcello.

Cours d'italien via Nikita : c'una bambina - bellissima - guizi guizi guizi - bonjiorno bambina - oubloulubulu que bella! Capellino...

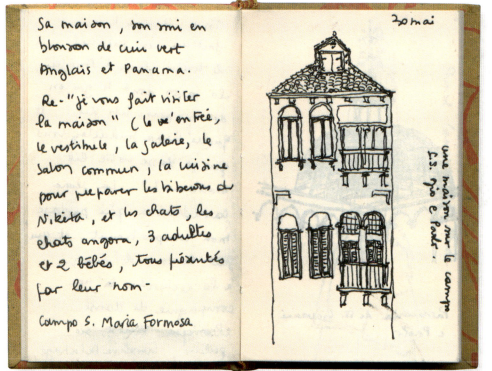

Sa maison, son ami en blouson de cuir vert Anglais et Panama.

Re-"Je vous fait visiter la maison" (le we'en frée, le vestibule, la galerie, le salon commun, la cuisine pour préparer les biberons de Nikita, et les chats, les chats angora, 3 adultes et 2 bébés, tous présentés par leur nom.

Campo S. Maria Formosa

30 mai

une maison sur le campo S. Mà. e formà.

Sous l'éclat son grand regard étonné

l'œil bleu de Nikita quand

l'œil en amande de Nikita (comme un bébé chinois) quand elle minaude.

la bouche de snob de Nikita (et sa cloque de lait)

vue de Venise depuis Burano.

cargo dans le port de Venise.

29 mai

l'un des 4 miroirs biscornus de notre chambre.

Nous sommes les hôtes de Caroline Delahaye. Son ami (?) vient me chercher à la sortie

# AUTRICHE

→ TAUX D'ALPHABÉTISATION : **100 %**

→ ESPÉRANCE DE VIE : **81 ans**

→ ÂGE DE STRAUSS LORSQU'IL A ÉCRIT SA PREMIÈRE VALSE : **6 ans**

# ALLEMAGNE

→ TAUX D'ALPHABÉTISATION : **100 %**

→ ESPÉRANCE DE VIE : **80 ans**

→ LONGUEUR DU MUR DE BERLIN : **155 kilomètres, dont 43 à Berlin**

PAGE DE GAUCHE
EN HAUT Portion du mur
de Berlin.
PREMIÈRE LIGNE, DE GAUCHE À DROITE
Passant, parc, le nouveau
musée d'Art contemporain
installé dans l'ancienne
gare ferroviaire, crépuscule.
DEUXIÈME LIGNE Immeubles
de la fin du XIXᵉ siècle,
porche d'entrée du début
du XXᵉ siècle, bar dans
l'ex Berlin-Est, arbre
dans la ville.

CI-CONTRE
Graffiti sur le mur de Berlin
à l'endroit de la Berlin East
Side Gallery.

Berlin.

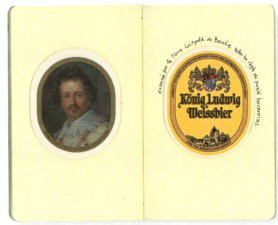

Regarder des restes du mur de Berlin, c'est comme suivre les couches d'histoire qui s'y superposent, s'y juxtaposent, s'y entrechoquent.

Bref curriculum : 1961, le mur se construit. Vite. Séparer les mondes. Et très vite après, les premiers slogans apparaissent. Côté ouest : des noms, puis des slogans politiques, puis des dessins. Le phénomène prend de l'ampleur et le mur se transforme en une immense fresque colorée. 1989 : chute du mur. Des milliers de gens se précipitent pour détruire, à coups de marteau, ce symbole de la guerre froide, et au passage emporter avec eux un petit bout de mur peint. 1990 : il est décidé de préserver quelques parcelles du mur. La plus grande, une portion de 1,3 kilomètre de long, entre Oberbaum et Schillingbrücke, forme « le plus grand tableau du monde ». On l'appelle « Berlin East Side Gallery », improbable clin d'œil aux galeries de Manhattan, la plus grande galerie à ciel ouvert du monde. Plus d'une centaine d'artistes venus de toute la planète viennent y peindre une immense fresque, ode à l'amitié, à la paix et à la liberté, sur plus de huit cents segments du mur. 1992 : le mur est déclaré monument historique. Mais la pollution, le temps et, surtout, les graffeurs, font leur œuvre : la peinture s'écaille, de nouveaux trous apparaissent, et des milliers de nouveaux graffitis forment une nouvelle couche qui recouvre les fresques du début de la liberté. 2009 : polémique. Faut-il rénover le mur pour remettre la fresque en l'état de 1990 ? Le laisser évoluer comme un espace d'expression libre ? Oublier, enfin, ce symbole de l'oppression et de la séparation du peuple allemand ? Le détruire ? L'affaire a agité les Berlinois à l'occasion de l'anniversaire des vingt ans de la chute du mur. Finalement, 2,2 millions d'euros ont été débloqués pour une rénovation. Avant la prochaine « couche » de mots et de couleurs…

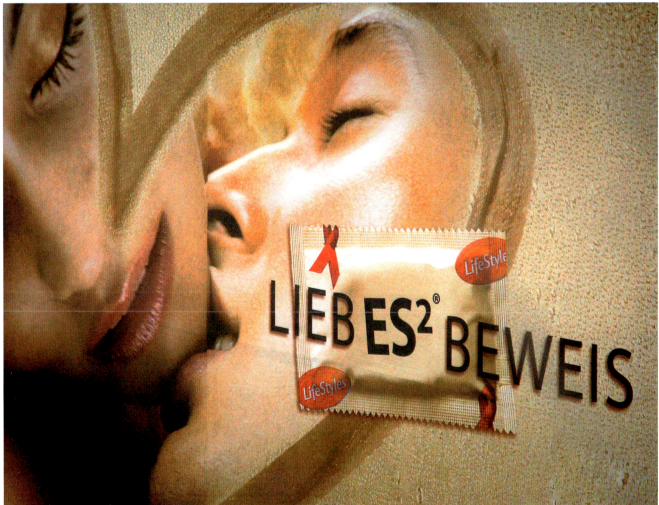

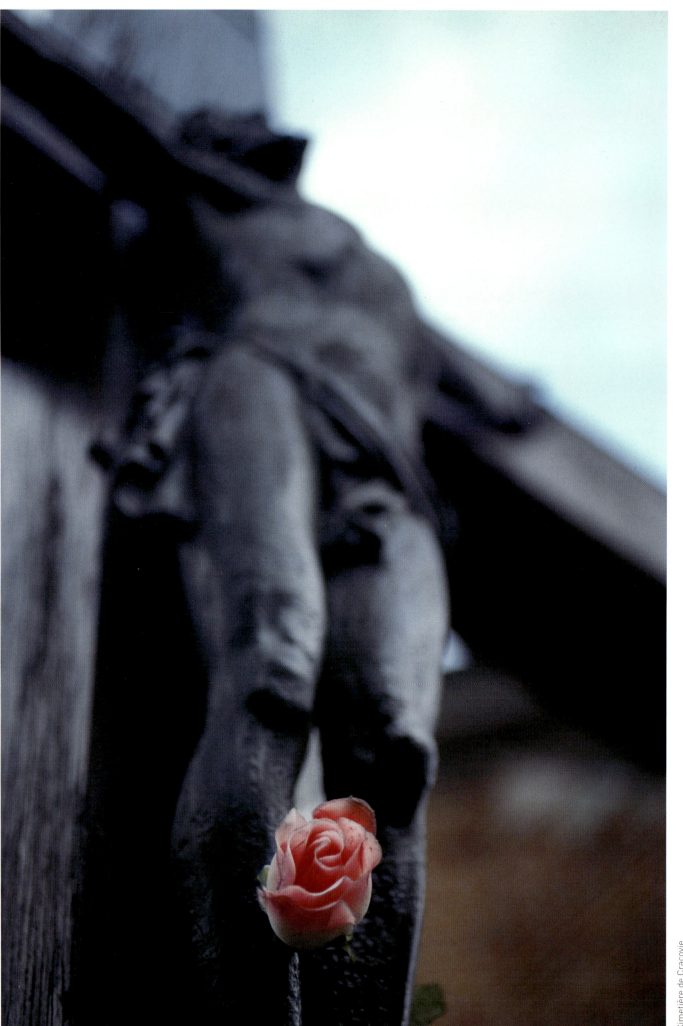

Cimetière de Cracovie.

# POLOGNE

→ TAUX D'ALPHABÉTISATION : **99 %**

→ ESPÉRANCE DE VIE : **76 ans**

→ NOMBRE DE JUIFS VIVANT EN POLOGNE
AVANT / APRÈS LA SECONDE GUERRE MONDIALE :
**3 000 000 / 280 000**

Qu'on le veuille ou non, on n'y fait pas abstraction du poids de l'histoire. La méticuleuse reconstruction du centre de Varsovie dévasté par la guerre, aux maisons couleurs pastel, églises, places, palais, est tellement belle que l'Unesco l'a inscrite au patrimoine de l'humanité. Et l'incroyable palais baroque de Wilanow a retrouvé sa splendeur dans les années 1960, lorsque l'Allemagne lui a rendu ses joyaux pillés par les nazis. Plus loin, sur la Vistule, Cracovie, l'ancienne capitale, a échappé aux destructions ; au Moyen Âge, les Tatars ont fait place nette, laissant l'espace aux architectes de la Renaissance, puis baroques et néogothiques, pour le plus grand plaisir des yeux des voyageurs que nous sommes.

**RÉPUBLIQUE TCHÈQUE** Depuis les années 1970, la porcherie de Lety, construite sur le site d'un ancien camp de concentration où étaient internés les Roms, illustre l'embarras du pays à l'égard des victimes du nazisme. Elle devrait disparaître enfin.

**Courrier** international

Jiri Lechtina
12.02.2009

# Un difficile devoir de mémoire

*HOSPODÁRSKÉ NOVINY* POUR COURRIER INTERNATIONAL

Dès sa prise de fonctions, Michael Kocáb*, le nouveau ministre chargé des Minorités, a déclaré qu'il voulait en finir avec l'élevage de porcs de Lety, en Bohême du Sud, implanté par les communistes sur le site d'un ancien camp de concentration où étaient internés les Roms. La porcherie de Lety est avant tout le symbole de notre regard erroné sur l'holocauste tsigane, qui nous fait manifester moins de respect vis-à-vis des victimes roms du nazisme qu'envers les victimes juives. On pourrait débattre à l'infini du montant des indemnités que l'État devra payer au propriétaire de la porcherie pour sa fermeture. Mais celle-ci doit avoir lieu, et nous avons une bonne raison pour cela : les Roms qui ont survécu au génocide de Lety, comme les enfants de ceux qui y ont péri, le désirent.

La puanteur de ce lieu, qui se répand aussi lors des commémorations, doit nous faire prendre conscience que la mort de plus de 300 Roms à Lety ne peut être de la seule responsabilité des nazis, mais qu'elle implique aussi la responsabilité d'une partie de l'administration tchèque. En déclarant que Lety ne fut jamais un camp d'extermination et que la plupart des Roms y étaient morts du typhus, le président Václav Klaus a tenté de rejeter cette part de responsabilité. Ses mots ont provoqué la colère des enfants des survivants.

Le seul fait que les Roms aient été rassemblés à Lety avant d'être envoyés vers les chambres à gaz constitue en soi une raison suffisante pour la fermeture de cette porcherie.

Et si, en plus, les gardiens tchèques leur ont volontairement confisqué leurs vêtements et leur nourriture, les ont attachés à des poteaux ou les ont tabassés des jours durant,

> Le seul fait que les Roms aient été rassemblés à Lety avant d'être envoyés vers les chambres à gaz constitue en soi une raison suffisante pour la fermeture de cette porcherie.

voilà bien des arguments supplémentaires pour nous interroger sur ce moment de notre histoire commune. Le régime communiste avait décidé d'ensevelir toutes ces horreurs sous un grand élevage industriel de porcs. Il nous faut absolument le détruire pour exprimer clairement que cacher un camp de concentration sous une porcherie pour dissimuler notre part de responsabilité ne fait pas partie de nos valeurs intellectuelles et morales. Le même problème se pose à nouveau lorsqu'on occulte notre culpabilité concernant les injustices et les crimes commis lors des expulsions collectives des Allemands des Sudètes. Les gens qui nous la remettent en mémoire depuis des années devraient bien comprendre la volonté qu'a Michael Kocáb de démolir cette porcherie. Il est sans doute bien prétentieux de la part du nouveau ministre de vouloir résoudre le problème sur lequel tous les responsables des droits de l'homme précédents se sont

cassé les dents. Il devrait se souvenir du subtil mélange de diplomatie et de fermeté qui lui a permis d'imposer [en 1990-1991] le départ définitif de l'armée russe de Tchécoslovaquie [restée présente depuis l'invasion du pays, en 1968]. S'il appliquait cette même méthode avec les propriétaires de la porcherie, il serait certainement capable de résoudre définitivement et brillamment le problème de la porcherie de Lety.

*Né en 1954, il est l'un des personnages clés de la « révolution de velours » qui, en 1989, a mis fin au régime communiste en Tchécoslovaquie.

# TCHÉQUIE

→ TAUX D'ALPHABÉTISATION :
**100 %**

→ ESPÉRANCE DE VIE : **76 ans**

→ TAUX DE PARTICIPATION
AUX PREMIÈRES ÉLECTIONS
LIBRES EN 1990 : **97 %**

Mes parents y étaient allés peu après la fin du printemps 1968. Ils racontaient ensuite *l'œil de Moscou* que l'on essayait de semer, la pénurie de collants Nylon qui représentaient des trésors. Lorsque à mon tour j'y suis allée, c'était fini, le rideau de fer. C'était *la révolution de velours*, Vaclav Havel, déjà président, serait bientôt élu au terme d'élections libres. C'était encore la Tchécoslovaquie. On y mangeait mal, en attendant longtemps, dans des restaus-cantines. On y buvait beaucoup. On y bougeait librement, longues balades où l'on suivait l'univers de Kafka, l'impression d'être dans un roman. Prague avait un charme irréel et dur. Une beauté sans concession. Quelque chose d'unique pour moi, raide et froid, et reposant à la fois. Une sensation monochrome, étonnante dans une grande ville. Pourtant, Paris, Vienne, Bruxelles, sont aussi faites d'immeubles grisés, blanc cassé, jaune d'œuf, pierre. Ce n'est qu'après plusieurs jours d'errance dans la ville que j'ai compris : toute incitation à la consommation, vitrines, panneaux publicitaires, était absente.

Prague.

# HONGRIE

→ TAUX D'ALPHABÉTISATION : **99 %**
→ ESPÉRANCE DE VIE : **73 ans**
→ TEMPÉRATURE DU LAC DE HEVITZ : **36 °C**

# ROUMANIE

→ TAUX D'ALPHABÉTISATION : **98 %**
→ ESPÉRANCE DE VIE : **72 ans**
→ COMMUNAUTÉ ROM : **2 millions de personnes**

Je pourrais aller en Hongrie et passer mon temps aux bains de Budapest, clapoter dans l'eau chaude alors que l'air est froid, sous prétexte de culture admirer du dedans l'architecture des bains Gellaert, sous prétexte d'effort intellectuel imaginer des coups gagnants en regardant les joueurs d'échecs – qui, ultime jouissance physique et cérébrale, jouent sur les damiers dans les piscines chaudes. Je pourrais aller en Roumanie et passer mon temps dans une pièce défraîchie, fermer les yeux et ouvrir les oreilles à la musique tzigane.

Ils paraissent rêches, ces pays, mais ils s'adressent à tous les sens : aux yeux, bien sûr, avec la beauté des palais de Budapest sur le Danube, les ruelles de Pécs ou le lac Balaton, les paysages des Carpates et de Transylvanie ; aux oreilles, de Franz Liszt à Béla Bartok, avec les accents tziganes des ensembles de cordes et de chœurs ; au palais, du goulasch aux crêpes Gundel en passant par la mămăligă, la polenta roumaine, mais surtout au vin de Tokay, « vin des rois, roi des vins » selon notre Louis XIV, pas si facile à satisfaire. Et puis les bains, qui réchauffent la peau et chatouillent les narines, tout un art de vivre en soi, où l'on nage, se soigne, discute, joue et rêve.

Pécs.

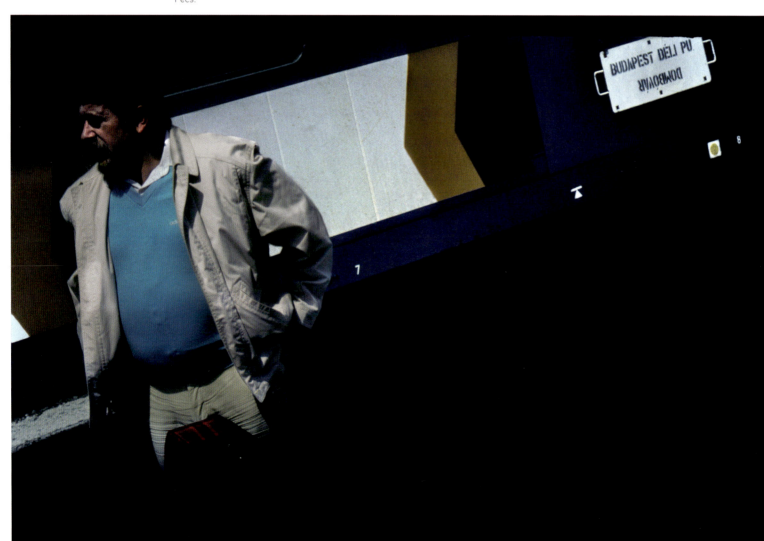

László Szentesi Zöldi
14.06.2007

# Ces barbares qui vivent forcément à l'est de chez nous

**MAGYAR HÍRLAP POUR COURRIER INTERNATIONAL**

Il est une ancienne tradition européenne consistant à dénigrer systématiquement ses voisins de l'Est. L'Occident est la patrie des Lumières et de l'intelligence, alors qu'à l'Est règnent l'obscurité et la misère. Curieusement, dans ce système de rapports, seules les considérations horizontales (est-ouest) comptent, on se moque de ce qui se passe au nord ou au sud. Le Bavarois méprise les Autrichiens, les Autrichiens déprécient les Hongrois. Nous, Hongrois, dédaignons les Roumains, lesquels méprisent les Moldaves. Au bout de la file se trouve le chasseur de Sibérie qui regarde, mélancolique et triste, la vaste mer orientale car il ne peut tout de même pas mépriser les Japonais : il y a trop de gratte-ciel. Jouer le citoyen du monde venu d'Occident en Transylvanie, par exemple, n'est pas tant déplaisant que risible. Le brave citoyen hongrois débarque à Korond [ville célèbre pour ses poteries], où il commence par dénigrer les assiettes en terre cuite pour pouvoir marchander, puis il tire un billet de 1 000 forints [4 euros] de sa bourse : « *Vous connaissez le forint ?* » Le villageois fait lentement un signe de la tête. On l'avait déjà payé en colons du Costa Rica et en schillings du Kenya. Le voyageur de la mère patrie essaie de faire baisser le prix de l'assiette à 950, mais l'autre tient à ses 1 000 forints. Tant pis, c'est acheté et emballé et notre Hongrois moyen remonte ravi dans sa Suzuki. « *Regarde, ma biche, on a fait une belle affaire. Et en plus, on l'a aidé. Ce sont de pauvres gens, ils sont là, debout, à longueur de journée. Maintenant il aura de quoi manger pendant deux jours.* » L'homme de Korond lisse sa longue moustache, ouvre son portail sculpté et, en contournant sa Mercedes 600, regagne sa maison à trois étages. Car les habitants de Korond font partie des citoyens les plus riches de Roumanie, leurs produits sont présents sur tous les marchés, la plupart d'entre eux vendent leurs articles par habitude et non plus par nécessité. Mépriser les pauvres habitants de

> Il est une ancienne tradition européenne consistant à dénigrer systématiquement ses voisins de l'Est.

l'Est est déconseillé pour d'autres raisons aussi. À Bucarest, on vient d'inculper Adrian Nastase, ancien Premier ministre, pour corruption : visiblement, son ancienne haute fonction ne l'a pas mis à l'abri. Menacé de destitution, le chef de l'État Traian Basescu a pu compter sur le soutien de toute la nation, alors que tous les partis faisaient bloc contre lui, le RMDSZ [Parti des démocrates hongrois de Roumanie] s'étant même allié avec le Parti de la Grande Roumanie [ultranationaliste]. En le reconduisant dans sa fonction, le citoyen, qu'il soit roumain ou d'origine hongroise, ne s'est pas trompé : plutôt que de rester prisonnier des carcans idéologiques, il a pris une décision responsable. Voilà un bel exemple de démocratie ! Autre chose. La Roumanie, jusqu'ici royalement moquée pour sa pauvreté, a créé en quelques années un excellent réseau routier depuis la frontière hongroise jusqu'aux environs de Székelyudvarhely [Odorheiu Secuiesc]. C'est vrai, ils n'ont pas coupé des rubans d'inauguration tous les dix kilomètres comme on l'aurait fait en Hongrie, et c'est peut-être justement pour cela qu'ils ont si bien achevé ces travaux titanesques. D'après Gyula Illyés [poète hongrois du XXe siècle], le véritable provincialisme ne consiste pas à se comporter à Paris comme si on était dans la puszta, mais à raisonner dans la puszta comme si nous étions à Paris. Il a raison. Il nous faut plus d'humilité et une meilleure connaissance de nous-mêmes. En 2007, ce devrait être le commandement numéro un de notre citoyenneté européenne commune. Sinon, nous mériterons de droit le qualificatif de « balkaniques » – si tant est qu'il soit synonyme de barbares.

# GRÈCE

→ TAUX D'ALPHABÉTISATION : **97 %**
→ ESPÉRANCE DE VIE : **80 ans**
→ CONSTRUCTION DE L'ACROPOLE :
   **Vᵉ siècle avant Jésus-Christ**

Je suis d'abord allée dans les îles. Un archétype de Grèce, mer et ciel bleus et maisons blanches, parfois même une vieille en noir ou un homme sur son âne, comme payés par le syndicat d'initiative. Dans les cafés on buvait de l'ouzo, mangeait des salades grecques, feta et huile d'olive. Athènes me faisait peur, on la disait bruyante, engoncée dans la fumée de la pollution du trop-plein de voitures. Je finis par m'y rendre et fus séduite ; l'entrelacements réussi des bases de notre histoire, d'un appétit d'avenir et des saveurs méditerranéennes.

PAGE DE GAUCHE
DE GAUCHE À DROITE, PREMIÈRE LIGNE
Parc de l'Acropole, chien dans la nuit, têtes de moutons sur un marché, usine reconvertie en centre d'art contemporain.
DEUXIÈME LIGNE
Statue de kouros en marbre de 580 avant J.-C. au musée Archéologique d'Athènes, bar branché, bas-relief *Lion attaquant un daim* du XIe siècle au musée d'Art chrétien et byzantin, grande statue des Cyclades d'environ 2500 avant J.-C. au musée Archéologique d'Athènes.
TROISIÈME LIGNE
Rues d'Athènes la nuit, et parc de l'Acropole.

PAGE DE DROITE Athènes.

# BOUGER EN VOYAGE

**Un peu pour la planète, beaucoup pour nous, on évite l'avion et ses succédanés, TGV, *high-speed boat*, tous ces transports qui cassent le temps en nous faisant croire qu'on en gagne, mais sur quoi ?** Quand ça va trop vite on est hors du monde, d'ailleurs on ne peut pas ouvrir les vitres, toucher l'air. Le paysage file sur l'écran de la fenêtre, souvent légèrement fumée, comme à la télé. On regarde le monde comme un show, mollement, le spectacle n'est pas très bon. Soudain, on est arrivé, on est fatigué, désarçonné. Il faut récupérer du voyage. Bouger à vitesse humaine fait partie du voyage. C'est le voyage, parfois. Il y a l'attente, attendre un temps indéterminé, parfois même revenir demain, attendre le train en retard, attendre le taxi-brousse qui passera-passera pas, ou passera plein et ne s'arrêtera pas, attendre que ça soit plein pour partir, des *bemos* indonésiens aux jeepneys philippins, tous ces taxis collectifs bicéphales, chauffeur et homme-orchestre, acrobate multifonctions, receveur, rabatteur, fixe-bagages, installateur express de bâche en cas de pluie sans arrêter le véhicule, entasseur de nouveaux clients, ça y est on est trop-plein mais il en met encore, voyageurs en tas sous le plafond bas du minibus. Il ne partira que lorsque l'homme-orchestre le

Taxi-brousse (en panne, mais l'arrêt panne ou crevaison fait de façon quasi certaine partie du *package*), au Mali.

acheter un en-cas à un vendeur de n'importe quoi comme il y en a sur toutes les routes. On ne sait jamais exactement quand on arrivera (c'est bien, car comme ça on ne peut rien *prévoir* pour l'arrivée). On se laisse bercer par le balancement hypnotique des trains, le crissement des mauvais essieux des bus, on n'y arrive pas forcément, seuls les enfants dorment toujours dans les bus barbares.

jugera plein, passant plus de temps que celui du trajet à tourner dans les rues du village à la recherche d'hypothétiques voyageurs. On finit toujours par partir, parfois nez à nez avec un coq de combat cajolé par son propriétaire. Ici les vitres s'ouvrent, sauf quand il n'y en a pas, dans tous les cas on peut passer la main pour

Bouger à vitesse humaine fait partie du voyage.

Bus sur la Transpatagonienne, en Argentine, face au Fitz Roy.

# D'ISTA À KU

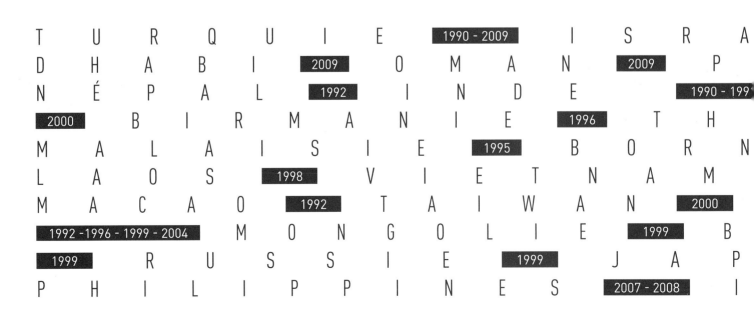

T U R Q U I E   1990 - 2009   I S R A

D H A B I   2009   O M A N   2009   P

N É P A L   1992   I N D E   1990 - 199

2000   B I R M A N I E   1996   T H

M A L A I S I E   1995   B O R N

L A O S   1998   V I E T N A M

M A C A O   1992   T A I W A N   2000

1992 -1996 - 1999 - 2004   M O N G O L I E   1999   B

1999   R U S S I E   1999   J A P

P H I L I P P I N E S   2007 - 2008   I

# NBUL
# PANG

L [1999] Y É M E N [1993] A B U

K I S T A N [1996] T I B E T [2006]

[1996 - 1999 - 2001 - 2005 - 2006 - 2007] S R I L A N K A

Ï L A N D E [1990 - 1992 - 1993 - 1996 - 1998 - 1999 - 2000 - 2002 - 2003 - 2007]

O [1995] C A M B O D G E [1992 - 2002]

[- 1999 - 2004] H O N G - K O N G [1992 - 1996]

I N G A P O U R [1990 - 1996] C H I N E

U R I A T I E [1999] S I B É R I E

N [1999 - 2000 - 2001 - 2002 - 2005] C O R É E [2007]

D O N É S I E [1991 - 1992 - 1993 - 1994 - 1996 - 1999 - 2001 - 2002]

PAGE DE DROITE
DE GAUCHE À DROITE,
PREMIÈRE LIGNE Sur le bac
entre Asie et Europe, épices,
salle de prière des femmes
dans la mosquée neuve.
DEUXIÈME LIGNE Arbres dans
la ville, marché aux poissons
et étal de loukoums à Karakoy,
mosquée Sainte-Sophie.
TROISIÈME LIGNE : bac sur
le Bosphore, mosquée
Sainte-Sophie, loukoums,
Sainte-Sophie.
QUATRIÈME LIGNE Marché à
Kadikoy sur la rive asiatique,
tombes de sages musulmans,
mosaïque byzantine de
la mosquée Sainte-Sophie,
Kadikoy.
CINQUIÈME LIGNE Gare de
Haydarpasa qui dessert
les destinations asiatiques,
lampes au Grand Bazar,
poissons, restaurant de
poisson sur le Bosphore.

CI-CONTRE Une des mosquées
d'Istanbul.

## Recette des *pide*

**Faire fondre** 30 g de levure
et ½ cuillerée à café de sucre
dans 1 dl d'eau tiède.
Laisser reposer 10 mn.
**Verser** 500 g de farine
dans un saladier, mélanger
à une cuillerée à café de sel,
creuser un puits et y mettre
la levure délayée ainsi que
2 cuillerées à soupe d'huile
d'olive.
**Ajouter** 1,5 dl d'eau tiède et
pétrir vigoureusement jusqu'à
l'obtention d'une pâte souple,
qui ne colle pas aux doigts.
**Huiler** un saladier, y rouler
la pâte, couvrir d'un torchon
propre et laisser lever la pâte
dans un endroit tiède (près
d'un radiateur ou du four
allumés) pendant 1 h 30,
jusqu'à ce qu'elle ait doublé
de volume.
**Rompre** la pâte avec le poing
et laisser reposer une dizaine
de minutes, toujours
dans un endroit chaud.
**Diviser** la pâte en deux.
Sur un plan fariné, rouler
en boule et aplatir en galette
de 25 cm de diamètre
et 5 mm d'épaisseur.
**Disposer** sur une plaque
recouverte de papier sulfurisé,
couvrir d'un torchon et laisser
gonfler une dizaine de minutes.
**Dans un bol**, battre un jaune
d'œuf à la fourchette avec
1 cuillerée à soupe d'huile
d'olive.
**Passer** ce mélange avec
les doigts sur chaque *pide*.
**Parsemer** de graines
de sésame et de nigelle.
**Enfourner** 20-25 mn dans
un four préchauffé à 220 °C.

# TURQUIE

→ TAUX D'ALPHABÉTISATION : **89 %**

→ ESPÉRANCE DE VIE : **72 ans**

→ NOMBRE DE MOSQUÉES À ISTANBUL : **283**

Les *pide* sont les pains turcs. Ils sont consommés nature, garnis comme des pizzas, ou fourrés comme des sandwiches tels les kebabs.

Istanbul-Byzance-Constantinople. Porte de l'Asie. J'y étais allée, il y a longtemps, vers Pâques, imaginant y trouver le printemps qui tardait en France. La Rome d'Orient m'accueillit dans le froid, embouteillages et nuages, foule de touristes bigarrés et pressés dans les endroits mythiques, Topkapi, Sainte-Sophie. Bonne élève, je vis les *high lights*, puis je me réchauffai dans les échoppes de *pide*, les cafés pleins d'hommes à moustaches, les marchés pleins de bruits. Vingt ans après, j'y suis retournée, vers Pâques, pluie et soleil, touristes bigarrés et pressés, j'avais prévu de les fuir, de me sentir voyageuse, traîner dans les endroits dits vrais. Mes souvenirs de rêves de petite fille des *Mille et Une Nuits* ont été plus forts, je suis retournée voir les palais, le harem, les bijoux, les dorures, les étoffes, et je n'ai pas regretté.

# ISRAËL

→ TAUX D'ALPHABÉTISATION : **97 %**
→ ESPÉRANCE DE VIE : **80 ans**
→ NOMBRE D'HABITANTS DANS LA BANDE DE GAZA : **1,5 million**

CI-CONTRE
DE HAUT EN BAS
femmes au mur
des Lamentations,
dans le quartier arabe
de Jérusalem.

PAGE DE DROITE
Dans la vieille ville de
Jérusalem, quartier arabe.

On a beau s'y préparer, Jérusalem est un choc. C'est un concentré de l'histoire du monde. À chaque pas, Jérusalem vibre de cultures mêlées. Dans la même vieille ville se juxtaposent quartier chrétien, quartier arménien, quartier musulman et quartier juif. Après avoir vu l'église du Saint-Sépulcre, suivre le dédale de ruelles pavées aux boutiques parfumées, colorées, vivantes, et soudain, le mur des Lamentations surgit, foule de pratiquants en prière, portant Torahs, tefillins et kippas. Juste au-dessus, la mosquée du Dôme déploie sa coupole d'or. Sur le mont des Oliviers pique-niquent des femmes portant le foulard. On est si près de l'harmonie.

Hajjara.

# YÉMEN

→ TAUX D'ALPHABÉTISATION : **59 %**
→ ESPÉRANCE DE VIE : **63 ans**
→ ALTITUDE DE SANAA : **2 200 mètres**

« De temps en temps passe furtivement un fantôme noir. Fantôme intégral, pas même une fente pour les yeux. »

Jibbla est un beau village, graphique, comme presque tous les villages du Yémen. Pierres de pierre, pierres de terre, il y a des murs et encore des murs, plus de murs que d'espace, la lumière même ne rentre pas, repoussée dehors, les villages sont les royaumes de l'ombre. De temps en temps passe furtivement un fantôme noir. Fantôme intégral, pas même une fente pour les yeux. Derrière les murs, elle redeviendra femme, mais restera dans l'ombre, les fenêtres sont inexistantes, la lumière fait si peur (parfois, tout en haut de sa maison, sur le toit en terrasse, elle volera un peu de soleil).

Il fait si chaud que respirer brûle. Au milieu du désert, des gratte-ciel de terre crue soudain partent vers le ciel, s'approchant plus près encore du soleil, comme pour le narguer, pour dire : jamais tu ne tueras les hommes. C'est Shibam, la belle Manhattan sortie des sables.

Sanaa. Homme marchant sur un muret délimitant les jardins potagers que l'on trouve en pleine capitale.

Le *khât* rythme la vie du pays. En fin de matinée, on commence à regarder l'heure. De plus en plus souvent : que se passe-t-il pour que le temps soit si lent ? Car le *khât* ne se consomme que frais, pousses du jour, vertes et tendres. Quand le soleil est au zénith, d'un coup l'agitation monte : il est arrivé ! Cris, excitation, rapide négociation, on croque les feuilles. Peu à peu, elles grossiront la joue des hommes (celles des femmes sont invisibles), le calme revient, presque apathique, calme éveillé jusque tard dans la nuit. Demain, ça recommencera.

En bas Sayun. En haut Shibam.

Marché au *khât* à Manaka..

# ÉMIRATS ARABES UNIS

→ TAUX D'ALPHABÉTISATION : **90 %**
→ ESPÉRANCE DE VIE : **78 ans**
→ RANG PARMI LES PRODUCTEURS DE PÉTROLE : **11ᵉ**

**Les dromadaires font l'objet de concours de beauté.**

En arabe, leur nom signifie « don de Dieu ». Aujourd'hui remplacés dans la vie de tous les jours par les 4 x 4 climatisés, les dromadaires sont toujours très présents à Abu Dhabi : fermes de dromadaires élevés pour leur lait, et surtout les courses. L'entraînement a lieu chaque matin au lever du jour. Les dromadaires font l'objet de concours de beauté, et le prix des champions peut atteindre des millions de dirhams.

# OMAN

→ TAUX D'ALPHABÉTISATION : **84 %**
→ ESPÉRANCE DE VIE : **72 ans**
→ RANG PARMI LES PRODUCTEURS DE PÉTROLE : **26ᵉ**

Je suis allée à Abu Dhabi pour photographier la vie quotidienne des bédouins. Une commande assez précise, dans le cadre du patrimoine immatériel d'Abu Dhabi. Avec la vie autour des dromadaires, des palmiers, des bateaux. Abu Dhabi, la ville. Logée dans un cinq étoiles luxe, je vois des buildings. Les bédouins, riches du pétrole, sont dans les lieux réfrigérés, galeries commerciales, hôtels, voitures. Il y avait naguère encore un chantier de construction de boutres au pied de mon hôtel, mais en raison de sa situation, en bord de mer, on l'a fermé pour construire un complexe de sept tours, des bureaux et un hôtel de luxe, et un lieu d'exposition. Il reste un port de pêche ; les boutres, au pied des immeubles, sont tenus par des Indiens, qui y vivent, leur salaire de pêcheurs immigrés ne leur permettant pas de louer un logement. Les bédouins ? Ils sont propriétaires, nul bédouin ne ferait un travail aussi dur. Les bédouins sont dans le désert ; il faut aller dans le désert, me dit-on. L'autoroute traverse la mer de sable, pas un grain sur le bitume, à chaque micro-rafale les travailleurs bangladeshi nettoient. C'est la saison des dattes, les Pakistanais coupent les dattes en haut des palmiers. Et les dromadaires, les grands dromadaires de course qui valent une fortune, ou les dromadaires d'élevage qui produisent du lait, sont entraînés, soignés, nourris, par les travailleurs immigrés du sous-continent indien.

PAGE DE GAUCHE ET CI-CONTRE Dromadaires de course à l'entraînement au camélodrome de Liwa.

Ci-CONTRE Vieille femme faisant un *teli*, broderie traditionnelle qui décore les cols et les manches des robes.

Les mains sont les seules
choses que l'on voie
des femmes d'ici.

APPLICATION DU HENNÉ
L'utilisation du henné remonte à la nuit
des temps. On en retrouve des traces
dans des sites néolithiques datant
de 9 000 ans avant J.-C. ! Une utilisation
qui s'étend du Moyen-Orient jusqu'en
Afrique Noire en passant par le Maghreb,
et vers l'est en Inde.
Au départ réservé aux fêtes et aux
mariages, le henné se généralise
au quotidien, remis à la mode par
les célébrités d'Hollywood et Bollywood.

129

Ci-dessus Jeune garçon buvant un thé dans la cour d'un ancien caravansérail de Peshawar. Page de droite La rue vue d'une restaurant de Rawalpindi.

# PAKISTAN

→ TAUX D'ALPHABÉTISATION : **55 %**
→ ESPÉRANCE DE VIE : **67 ans**
→ NOMBRE DE FEMMES TUÉES PAR CRIME D'HONNEUR
  EN 2007 : **636**

Dans le nord, la beauté sèche et effrayante des montagnes efface presque le manque : on n'y voit pas de femmes à l'air libre. Seules subsistent les petites filles, qui déjà ont le regard triste, elles savent ce qui va arriver. Les femmes kailash, non musulmanes, encastrées dans leur vallée qui préserve leur identité, elles, les montagnes les ont protégées. Moi, je suis un omni, un objet mouvant non identifié, je bouge librement, j'ai un châle sur la tête mais le visage découvert. Un jeune homme m'a dit : « C'est comme si vous n'étiez pas vraie, vous êtes comme une actrice sortie de la pellicule. » Ce statut d'étrangère un peu irréelle me permet, après des jeux de chaises musicales pour, tout de même, ne jamais être à côté d'un homme, de prendre le bus, manger dans les restaurants ailleurs que dans les boxes réservés aux femmes obligées de sortir. Ma réalité de femme m'a permis d'aller dans les maisons où sont les femmes, certaines, les plus aisées – qui n'ont nul besoin de se rendre au-dehors, leur mari, leurs domestiques y pourvoient –, cloîtrées là pour toujours.

Moi, je suis un omni, un objet mouvant non identifié.

133

Paysage du nord de Chitral. Page de droite Petite fille de la vallée de Swat.

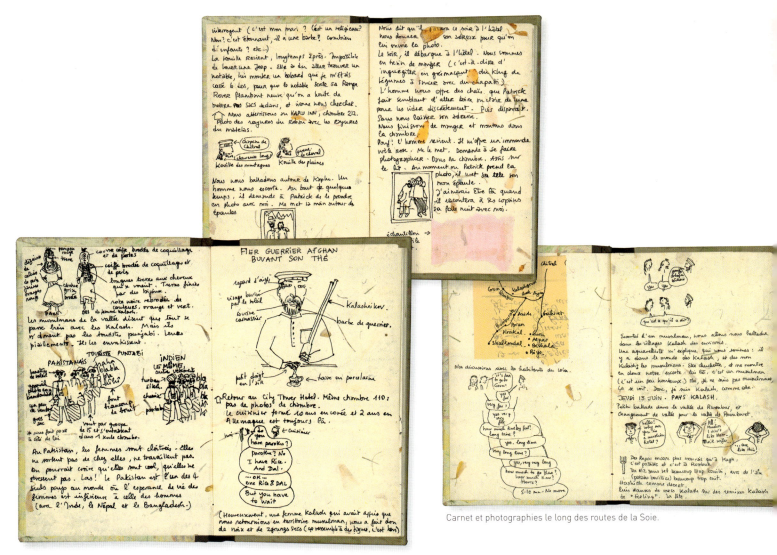

Carnet et photographies le long des routes de la Soie.

DE GAUCHE À DROITE Vallée de Shigar, région de Gilgit, Chitral Nord, région de Skardu.

# TIBET

→ TAUX D'ALPHABÉTISATION : **60 %**
→ ESPÉRANCE DE VIE : **65 ans**
→ TAUX D'ALPHABÉTISATION DES FEMMES
  EN MILIEU RURAL : **11 %**

La religion des autres me plaît, je n'en vois que le plus joli. Le sens de l'hospitalité musulmane, qui m'a ouvert tant de portes du Maroc au Pakistan, les fêtes hindouistes, le blanc frais des Jaïns, les histoires des animistes qui, ensuite, me font faire de drôles de rêves... Même la mienne me plaît, lorsque je deviens spectatrice d'ailleurs : la messe de minuit dans un village bontoc des Philippines, la messe qui bouge et danse en Casamance, débordant de l'église, la cérémonie de baptême d'un bébé inuit. Les bouddhistes, et particulièrement les bouddhistes lamaïstes du Tibet, ont une place à part, tant est profonde leur force de paix, qui irradie à des mètres et fait que l'on se sent bien, malgré tout.

Profil de moine dans le monastère de Rongphu, au pied du mont Everest. PAGE DE DROITE Pèlerins tibétains.

Ci-contre
Pèlerins effectuant la *kora*,
circonvolution traditionnelle
autour des temples, au
Jokhang, à Lhassa.

Page de droite
De gauche à droite, première ligne
Temple Tasilhunpo à
Shigatse, femme faisant
tourner un moulin à prières
géant du monastère
Pabonka, paysan tibétain
dans un village, restaurant
du monastère de Samye.
Deuxième ligne
Femme bonze à Lhassa,
temple Gyume, femme
pèlerin au monastère de
Sera, monastère de Traduk.
Troisième ligne
Famille faisant tourner
un grand moulin à prières
au monastère Jampa Lakhang
à Lhassa, femme allumant
des lampes au beurre de yack
dans un temple du Barkhor
à Lhassa, pèlerins
dans le temple Jokhang
à Lhassa, lac Nam Drok.
Quatrième ligne
Sourire d'une petite fille
tibétaine devant le Jokhang,
joutes verbales de moines au
Jokhang, monastère de Sera,
monastère de Traduk.
Cinquième ligne
Femme allumant des lampes
au beurre de yack dans un
temple du Barkhor à Lhassa,
le mont Everest, famille
tibétaine regardant l'intérieur
du train reliant Pékin à Lhassa,
intérieur de temple à Lhassa.
Sixième ligne
Mottes de beurre de yack
sur un marché de Lhassa,
temple du Jokhang, paysage
de la vallée du Yarlung,
pèlerins dans un temple
de Lhassa.
Septième ligne
Paysans tibétains, vieux
pèlerin avec son moulin
à prières sur le circuit du
Barkhor à Lhassa, famille de
pèlerins, courses de chevaux
acrobatiques traditionnelles
dans la campagne tibétaine.

Double page suivante
Paysages du Toit du monde.

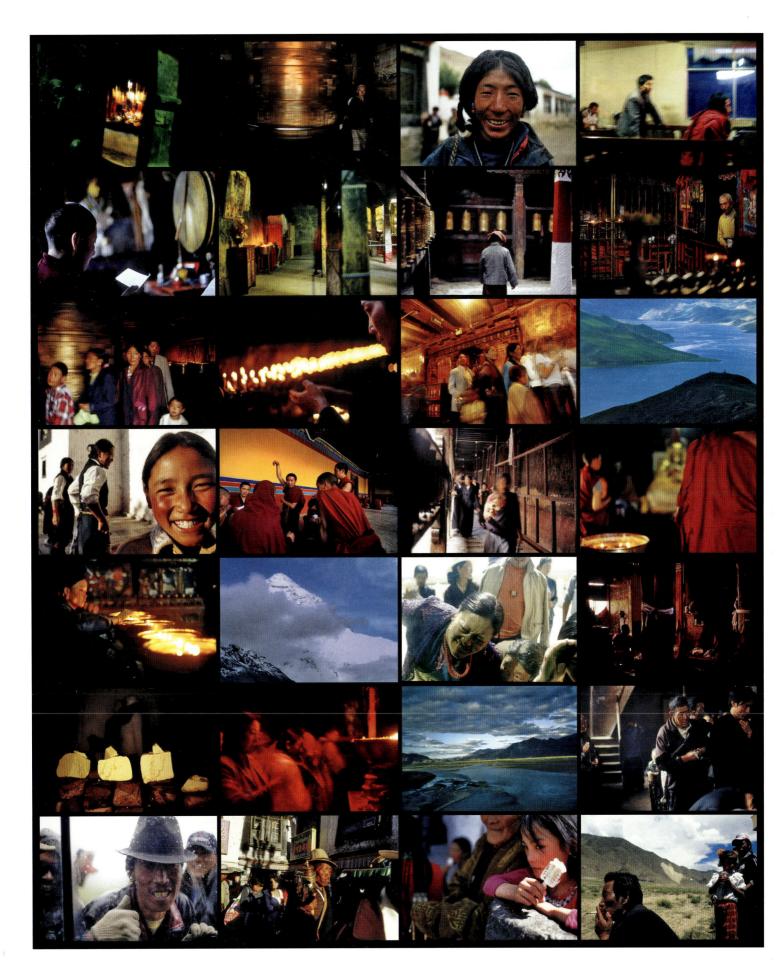

**SAUVEGARDE** Les milliers d'alpinistes et de randonneurs qui viennent gravir le Toit du monde ont transformé la région en poubelle. Il est temps de réagir énergiquement.

**COURRIER** international

Dan Douglas
02.11.2006

# Pourquoi il faut interdire l'Everest aux touristes ?

**THE OBSERVER POUR COURRIER INTERNATIONAL**

On le décrit comme « *la plus haute décharge* » du monde. Jonché de détritus laissés par les alpinistes et foulé tous les ans par des milliers de touristes, le mont Everest est aujourd'hui si pollué que les écologistes réclament une solution radicale : sa fermeture temporaire. Avec les troubles politiques qui ont sévi au Népal jusqu'au milieu de cette année, les mises en garde contre l'imminence d'une catastrophe écologique dans la région sont restées ignorées. Mais, maintenant que le royaume himalayen bénéficie d'une plus grande stabilité, les défenseurs de l'environnement pensent que le moment est venu d'agir et que l'on ne peut plus fermer les yeux sur la situation. En avril 2006, après dix ans de guérilla, les rebelles maoïstes ont signé un cessez-le-feu avec les autorités népalaises et ont accepté de s'allier aux partis opposés à la monarchie [*voir CI n° 816, du 22 juin 2006*]. Selon l'association KEEP (Kathmandu Environmental Education Project), le calme relatif qui règne désormais dans le pays pourrait aider les écologistes à convaincre les autorités qu'une fermeture temporaire de l'Everest est la seule solution envisageable pour réparer les dégâts. « *La guérilla a posé de sérieux problèmes aux organisations écologistes. Elle a limité l'envergure des programmes, endommagé les infrastructures et menacé la sécurité du personnel* », rappelle P. T. Sherpa, le président de l'association. « *Nous espérons aussi avoir un dialogue plus ouvert avec le gouvernement. Notre priorité est de mettre l'Everest au repos pour quelques années.* » Pour les écologistes, l'amoncellement de déchets alimentaires et pharmaceutiques ainsi que la colonisation de la région par les restaurants et les cybercafés sont le prix du tourisme. C'est la population autochtone qui en fait les frais, insiste P. T. Sherpa. « *Il devient extrêmement difficile de fournir suffisamment d'électricité et d'eau aux petits villages disséminés autour de l'Everest et des autres sommets*

on le décrit comme « la plus haute décharge » du monde. Jonché de détritus laissés par les alpinistes et foulé tous les ans par des milliers de touristes.

*himalayens quand plusieurs dizaines de milliers de touristes et d'alpinistes ont besoin des mêmes ressources. Du fait de l'industrialisation et du développement du tourisme, le Népal est gravement touché par la pollution de l'eau et de l'air. Les ressources en eau des villages, fournies par un système de captage, sont en voie d'épuisement et il est urgent de prendre des mesures* », ajoute-t-il. En 2006, une équipe de géologues soutenue par le Programme des Nations unies pour l'environnement a relevé des signes de changement importants par rapport à 1953, date à laquelle sir Edmund Hillary et Tensing Norgay ont été les premiers alpinistes à réussir l'ascension de l'Everest. Bien que le réchauffement du climat soit l'une des principales causes de cette dégradation, les scientifiques ont montré que le tourisme avait également un impact. Selon leur étude, le glacier qui descendait autrefois jusqu'au premier camp de base s'est retiré de 5 kilomètres. Edmund Hillary lui-même ne mâche pas ses mots sur une situation qui pourrait se transformer en scandale écologique. « *J'ai recommandé au gouvernement népalais de ne plus accorder d'autorisations et de laisser la montagne se reposer pendant quelques années* », affirme-t-il. Limiter les ascensions à deux ou trois cordées par saison.

Moulins à prières de Swayambunath à Katmandou.

# NÉPAL

→ TAUX D'ALPHABÉTISATION : **57 %**
→ ESPÉRANCE DE VIE : **64 ans**
→ NOMBRE DE DIVINITÉS HINDOUISTES :
   **330 millions**

À Katmandou vit une déesse cloîtrée dans son
palais. On passe et repasse devant le palais pour
tenter de l'apercevoir, jetant un œil cerclé de khôl
à travers les dentelles de bois de son palais-prison.
On ne l'a pas vue, on reviendra demain, peut-être
a-t-elle remarqué notre manège, après tout c'est
une déesse, et puis elle doit s'ennuyer beaucoup,
les occasions de sortie sont rares, si furtives : déesse
exhibée à son peuple, un petit tour et puis retour
dans sa prison, jusqu'à sa sortie avec l'arrivée du
sang impur qui la fera femme et la renversa dans
le monde des hommes.

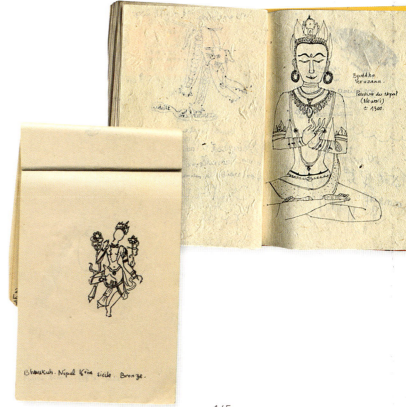

# INDE

→ TAUX D'ALPHABÉTISATION : **66 %**
→ ESPÉRANCE DE VIE : **64 ans**
→ NOMBRE DE PERSONNES ALLANT
AU CINÉMA CHAQUE JOUR : **20 millions**

J'y suis allée beaucoup, parfois longtemps, un an passé comme un éclair, parfois quelques semaines à peine. *How many times in India ?* Question rituelle des Indiens. Combien de fois, je ne sais pas, je ne sais plus. Je sais juste que je suis *addict*, quelque temps sans Inde et elle me manque, j'ai besoin de son immensité, toujours différente et toujours indienne, j'ai besoin des parenthèses de plénitude extrême qu'elle seule sait offrir, et aussi, encore plus peut-être, de cette incompréhension permanente où elle m'envoie. L'Inde est si *photogénique* que je pourrais en faire un livre rien qu'en tentant de la montrer. Et pourtant, le plus marquant, c'est la façon dont elle vous prend par tous les sens, l'œil bien sûr, les saris, les temples, les paysages de folie du Ladakh, la grâce des femmes, mais aussi le nez, les offrandes dans les temples, encens, coco, roses, les fleurs dans les cheveux des femmes d'Inde du Sud, les odeurs qui s'entrechoquent dans les marchés, fleurs, fruits, légumes, bouse des vaches sacrées, immondices divers sans prétexte sacré. L'Inde chatouille et détruit tour à tour les oreilles dans un brouhaha qui jamais ne cesse, cris d'enfants, musique des temples ou refrains de Bollywood crachotés par les boutiques ouvertes sur la rue, klaxons – la ville de Pondichéry interdit les klaxons, impression soudaine de bulle ouateuse. Le goût, idli, tandoori, lassi. Le toucher du soleil sur la peau, du brahmane qui d'un doigt vous pose la tikka sur le front à l'entrée du temple. Et le cœur surtout, frémissement de chaque instant.

À GAUCHE ET DESSOUS Pondichéry.

L'Inde chatouille et détruit tour à tour les oreilles dans un brouhaha qui jamais ne cesse, cris d'enfants, musique des temples ou refrains de Bollywood crachotés par les boutiques ouvertes sur la rue, klaxons.

Jeunesse dorée dans une soirée à Goa.

Apparition d'une déesse dans la mer de Gokarna.

Fête de Holi, fête
des couleurs, de l'amour
et de la fertilité, célébrée
à la pleine lune de mars,
où les gens se jettent
de la poudre colorée.

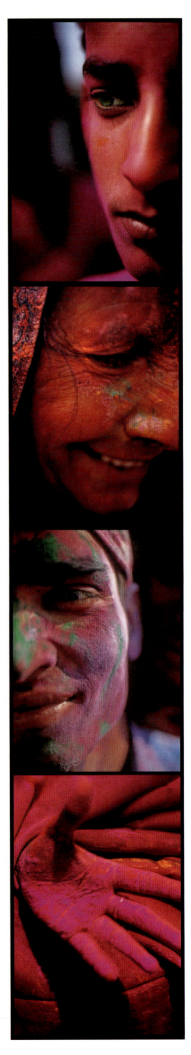

Le temps du thé, dans le Rajasthan.

DOUBLE PAGE SUIVANTE
Scènes du Ladakh.

Foire aux chameaux de Pushkar.

Femme de Dha.

Stupa à Diskit

# S'ARRÊTER EN VOYAGE

**S'arrêter.** Si possible dans des lieux improbables, villages non répertoriés dans les guides de voyage, où le voyageur se fait rare et où rien à priori ne justifie une halte, pas de musée, pas de temple remarquable, rien que de la vie, pure. Reprendre des marques, celles que l'on a délicieusement perdues dans le lent mouvement du trajet. Trouver une *guest house*, ou une chambre chez quelqu'un, dont l'atmosphère est un chez-soi. Prendre tous ses repas dans le même restaurant, dont on connaît le goût des plats. Rencontrer les gens plus d'une fois, prendre rendez-vous pour se revoir, partager sourires et carnets. S'imprégner, faire l'éponge.

Je m'assieds, au ras du sol. Je trouve enfin la transparence, témoin invisible d'un monde qui vit sans moi. Les étrangers ne sont jamais en bas, ils ont oublié cette position accroupie qui relâche tout le corps et permet aux sens de s'ouvrir. Ils ont besoin de béquilles, chaise, tabouret, pour descendre d'un cran – encore sont-ils dans une position qui leur permet de bondir assez vite, animaux traqués par la peur de perdre du temps.

Tangalle, Sri Lanka.

Villages non répertoriés dans
les guides de voyage, où le
voyageur se fait rare et où rien
à priori ne justifie une halte.

Marché au bétail d'Agadez, au Niger.

Femme du Sri Lanka portant le traditionnel sari.

# SRI LANKA

→ TAUX D'ALPHABÉTISATION : **92 %**
→ ESPÉRANCE DE VIE : **74 ans**
→ POURCENTAGE DE BOUDDHISTES : **77 %**

Elle est indienne d'esprit. D'ailleurs, du temps du *Ramayana*, un pont avait été construit depuis Rameshwaram, en Inde, pour permettre à Râma d'atteindre l'île de Lanka où son épouse Sita était prisonnière du roi démon Râvana. Elle est indienne mais bien différente, par son bouddhisme actif qui rythme doucement la vie, embaume les temples du parfum des offrandes, les fait vibrer de musique sacrée.

Ci-DESSOUS DE GAUCHE À DROITE, PREMIÈRE LIGNE Train dans les montagnes, à peine plus rapide que les piétons, temple de la Dent à Kandy. DEUXIÈME LIGNE Intérieur de wagon en bois, temple Gadaladeniya. TROISIÈME LIGNE Brouillard près de Haputale, temple hindouiste, pêcheurs près de Tangalle, marché à Rambukana.

# BIRMANIE

→ TAUX D'ALPHABÉTISATION : **90 %**
→ ESPÉRANCE DE VIE : **61 ans**
→ DATE DE L'ARRESTATION D'AUNG SAN SUU KYI : **1989**

Les fidèles tournaient autour de la pagode éblouissante, encore et encore, d'un mouvement régulier et hypnotique, chorégraphie monotone et harmonieuse à la fois. Au cœur de ce mouvement perpétuel, en plein soleil, elle méditait, minuscule être humain en lotus pétrifié, crâne rasé et robe rose pâle de femme bonze, seul point immobile – avec la grande pagode d'or qu'elle faisait presque oublier. Accroupie à l'ombre dans une des sortes de chapelles chargées de bouddhas qui entourent le stupa, j'étais loin d'elle. Je ne sais comment, je pouvais voir son regard ailleurs et intérieur, un peu révulsé. J'aurais aimé la voir revenir au monde. La lumière déclina, la nuit tomba. Je partis, elle n'avait pas bougé. Le lendemain, je suis revenue à la pagode Shwedagon, elle n'était plus là.

EN HAUT, À GAUCHE
Enfant avec le maquillage de *thanakha*, porté par les femmes et les enfants. Il s'agit d'une pâte cosmétique dont l'usage aurait plus de deux mille ans, produite à partir du bois de *l'arbre à thanakha*, qui pousse en abondance dans le pays. Une crème est faite en râpant le bois avec un peu d'eau sur une pierre circulaire appelée *kyauk pyin*. Elle est appliquée sur le visage en motifs simples, souvent un disque sur chaque joue et une bande sur le nez. Outre sa fonction décorative, le *thanakha* procure une sensation rafraîchissante, protège de la brûlure du soleil, aide à lutter contre l'acné et rend la peau douce.

EN BAS, DE GAUCHE À DROITE
Petite fille de Pagan, la campagne à Anuradhapura, petit garçon dans les bras de son père (sieste dans un train), vendeuse d'eau glacée à Rangoon.

Bouddha de Shwedagon à Rangoon.

Au cœur de ce mouvement perpétuel, en plein soleil, elle méditait, minuscule être humain en lotus pétrifié

Ci-dessous de gauche à droite, première ligne
La fin de la mer à l'île Bambou, gong d'un temple
de Chang Mai, offrandes de plumes de paon au Wat Po,
crâne de bonze.

Deuxième ligne Peau d'éléphant, la mamie de la *guest house*
de Koh Chang, Maytreya le bouddha rigolard du futur,
porte du temple Chanasongkram à Bangkok.
Troisième ligne Jeune bonze, surface de bol à offrandes
couvert d'or par les fidèles, fruit du dragon,
détail de porte du Wat Ched Yod, à Chang Mai.

Pleine lune à Soppong.

# THAÏLANDE

→ TAUX D'ALPHABÉTISATION : **94 %**
→ ESPÉRANCE DE VIE : **69 ans**
→ NOMBRE D'ENFANTS PROSTITUÉS : **300 000**

La tête nonchalamment posée sur le bras, les yeux mi-clos, le grand Bouddha couché profite de la vie, serein, indifférent aux étrangers, minuscules fourmis paparazzis qui l'accablent de leurs flashes. Peut-être revient-il d'un massage magique un peu plus loin dans le Wat Po – vu sa taille, ils ont dû s'y mettre à plusieurs pour le tordre, le malaxer, le piétiner avec les gestes millénaires des masseurs d'ici, dont on ressort si profondément *bien*, cotonneux, un peu sorti de son corps terrestre. Ou alors il revient de vacances, farniente, plage et *phat thai* dans l'une des îles vers le sud.

C'était mon premier grand voyage en Asie. J'avais aimé Bangkok dès le début. Ses temples, sa vie et sa laideur. Puis des amis nous avaient rejoints et avaient tout rejeté en bloc : le bruit, la pollution, la chaleur, la saleté, les odeurs. Nous étions partis vers le sud. Après quelques années et quelques passages à Bangkok, j'avais pris mes marques, ça devenait une ville où je n'avais plus rien à voir, je pouvais y traîner sans culpabilité, au bord des *klongs*, dans les cafés.

C'est dans cette ville que nous avions choisi de nous donner rendez-vous, avec mon ami, pour voyager lentement, pendant un an, en Inde, pas en Thaïlande, mais j'avais pris un aller simple pour Bangkok. J'étais partie un peu avant, j'étais là depuis quelques jours, je l'attendais dans une chambre de l'hôtel où je retourne depuis plus de vingt ans, une *guest house* de Chanasongkram.

C'était un quartier traditionnel et qui le restait d'une façon qui nous semblait miraculeuse, si charmant et si proche de Khao San Road. Il y avait de vraies maisons, une petite salle d'entraînement de boxe thaïe où nul ne parlait anglais, et un temple, pas si beau mais si tranquille. Une fois, lorsque nous y sommes revenus, il y avait quelques échoppes destinées aux Occidentaux ; aujourd'hui, c'est un grand repaire à touristes, *guest house*s, restaurants, salons de massage, agences de voyage, T-shirts et pantalons. La salle d'entraînement existe toujours, avec une grande bâche à l'entrée ; les Occidentaux sont invités à faire du *thai boxing training* pour 400 baths la séance (9 euros). On peut aussi y acheter des shorts de boxe à 800 baths.

Il faudrait changer de quartier, aller vers Thewet, peut-être, ou plus loin, mais je reste bêtement fidèle au lieu de mes vingt ans.

Je fais comme d'habitude. Je prends ma chambre (« *non AC please* »). Je ressors et je mange des *phat thai* dans une échoppe, je bois du jus de mangues fraîches, je m'assieds dans le temple de Chanasongkram. Puis je m'en vais vers le fleuve prendre un bateau-bus pour n'importe où.

Jeune femme attendant l'arrivée du bateau-bus à Bangkok.

167

Poulets au marché de Kota Baru.

# MALAISIE

→ TAUX D'ALPHABÉTISATION : **92 %**

→ ESPÉRANCE DE VIE : **75 ans**

→ HAUTEUR DES TOURS JUMELLES PETRONAS
DE KUALA LUMPUR : **452 mètres**

On était parti marcher pour la journée dans le Taman Negara. C'était beau, ça sentait bon la pourriture de ces forêts au trop-plein d'eau, on s'était arrêté pour guetter les animaux, il paraît qu'il y a des singes, des ours, des tigres, des éléphants... On n'avait rien vu, que ce beau vert dense et mouillé, du fond des temps. Comme souvent, on s'était laissé piéger par la nuit. Pas de lampe, rien, on essayait de revenir vers la *guest house*, de l'autre côté de la rivière (on nous avait dit : «En revenant, vous nous faites signe, on vous enverra une pirogue.») La nuit est noire dans la forêt profonde, on progressait doucement. Et puis là, on les sentait les animaux, les hordes d'ours, les tigres affamés, tout proches... Puis on a vu les lumières des huttes. On a appelé, hurlé, mais le bruit de la rivière – coulait-elle si fort, ce matin ? – couvrait nos cris. Le générateur s'est arrêté : il faudra attendre l'aube. On est grimpé dans un arbre (serait-on à l'abri des ours ? ça monte aux arbres un ours, non ?), on essayait de trouver *une position*, et aussi, piètres acrobates, de ne pas tomber dans la rivière. Soudain, une voix d'homme : en contrebas, une vague ombre, un orang asli de retour de la pêche, qui rentrait dans son village, se demandait sans doute ce que ces deux fous blancs cherchaient dans les arbres, en pleine nuit. Il nous ramena sur l'autre rive, en riant.

On s'était arrêté pour guetter
les animaux, il paraît qu'il y a
des singes, des ours, des tigres,
des éléphants...

Cinéma de rue à Georgetown,
sur l'île de Penang, avant
l'ère virtuelle qui tue peu à
peu les livres en papier, les
beaux projecteurs de 35 mm
et les postes restantes.
(Le bonheur des postes
restantes, où le courrier
attend le voyageur, où il le
suit parfois, de bureau
de poste en bureau de poste.
L'excitation de découvrir
le courrier qui attend,
récupérer le tas d'enveloppes,
qui pèse pour de vrai dans
les mains, les nouvelles
de chez nous, il neige à
Paris, mamie me dit de faire
attention à moi. En nous
gardant reliés au monde,
jamais totalement ailleurs
plus de quelques jours,
Internet casse ce plaisir-là.)
Jeune musulmane
de Kota Bharu.

Calao en train de voler de
la nourriture dans le village
orang asli de Pahang près
du lac Chini. Les orang asli,
de orang «homme» et asli
«originel» sont les populations
indigènes qui étaient présentes
avant l'arrivée des malais.

Vieille dame et son éventail, une nuit de représentation d'opéra chinois à Georgetown.

Ci-dessus, de gauche à droite, en haut
Petite fille dans un bus.
Première ligne
Arbre du Taman Negara,
cache-cache aux îles

Pérenthian, temple chinois
à Georgetown.
Deuxième ligne Pendant la fête
des fantômes à Georgetown.

Troisième ligne Temple
hindouiste à Georgetown,
homme de Kuala Lumpur,
îles Pérenthian, temple
chinois de Georgetown.

Marché aux oiseaux de Kutching.

# BORNÉO

→ TAUX D'ALPHABÉTISATION : **92 %**
→ ESPÉRANCE DE VIE : **75 ans**
→ DIMENSIONS D'UNE *LONG HOUSE* DAYAK :
   **jusqu'à 100 m de long, 15 m de large**

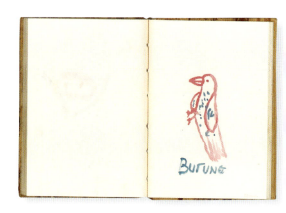

À Bornéo, dans un temps suspendu, on fait l'Indiana Jones, tranquille. On explore la jungle – arbres géants, écorces rouges, feuilles-parapluies, cavernes immenses peuplées de chauves-souris –, on chemine en pirogue vers les *long houses*, les maisons collectives des Dayaks, les terribles chasseurs de têtes de notre folklore occidental (on pourra y dormir, et repartir, la tête bien vissée sur les épaules).

174

Dans la jungle de Bornéo,
enfant Dayak, grottes
de Niah, forêt.
J'aime ces lieux sans route,
Bornéo, Lamu, Groenland.
À Bornéo, on marche et
on glisse sur les rivières,
cela fait chchchchchch pour
nous préparer au silence,
on redécouvre la lenteur,

le bruit de sa respiration,
et un monde entre préhistoire
et science-fiction, règne
du végétal et du minéral,
atteints de gigantisme ou de
folie, sculptures improbables
de pierre et de bois.
Parfois, un village dayak,
naturellement là, sans
casser la planète.

CI-DESSUS
Temple Ta Phrom à Angkor,
sac «Alain Delon», qui signe
les cigarettes les plus
populaires du Cambodge,
restaurant dans le marché
de Kompong Cham,
cyclopousses attendant
le client à Phnom Penh,
poisson séché au marché
de Phnom Penh, marché
de Koh Kong.

# CAMBODGE

→ TAUX D'ALPHABÉTISATION : **76 %**
→ ESPÉRANCE DE VIE : **61 ans**
→ NOMBRE DE MINES DANS LE PAYS : **4 à 6 millions**

Dix ans après, fallait-il retourner à Angkor, avec les touristes par cars, les hôtels près du site, les échoppes de souvenirs ? Angkor était trop fort, j'y suis retournée. Les hommes étaient revenus, touristes par centaines, mais aussi ceux qui honorent les dieux du site, maintenant bien soignés, habillés de robes safran et parfumés d'encens. C'était moins fort, assurément, mais c'était bien quand même.

La première fois, c'était en 1992. Les étrangers que l'on y croisait avaient une bonne raison d'être là : ONU, médecins, coopérants. Les voyageurs étaient rares. Ça coûtait cher d'aller à Angkor. Et puis, on ne pouvait pas s'y promener seul, le site était infesté de mines, un guide nous dirait : « Là, c'est déminé, c'est bon, là, un mètre sur la gauche, non, c'est risqué. » Alors on avait hésité. J'aime aller au hasard, le nez en l'air. On a failli en rester là, rester dans le village de Siem Reap. Puis on a plongé, le mythe angkorien était trop fort, trop proche. Nous étions seuls. L'immense Angkor Wat nous offrait son silence, son histoire et ses pierres. Le Ta Phrom, fondu dans les racines de la jungle, racines minérales, pierres végétales, comme dans le *Livre de la jungle*. Puis le Bayon, les têtes de pierre qui me souriaient, des sourires géants par centaines. J'en ai pleuré d'émotion, jamais je n'aurais cru pouvoir pleurer à cause d'autre chose que de l'humain – il est vrai que ces pierres sont vivantes.

Les sourires du Bayon à Angkor.

**CAMBODGE** Les masques antigrippe sont du dernier chic dans les rues de Phnom Penh. Pratiques contre la pollution et les maladies, ils deviennent de véritables accessoires de mode, explique *The Phnom Penh Post*.

Terry McCoy
10.03.2010

# Se protéger en beauté

**THE PHNOM PENH POST** POUR COURRIER INTERNATIONAL

Ay Lida se regarde dans le miroir, étudiant les infimes détails que seule une adolescente de 17 ans peut discerner. Elle résume la situation : il faut que tout soit parfait. Elle a rendez-vous avec ses amis, et parmi eux il y aura peut-être des garçons. Mais il manque un élément essentiel à sa tenue : le masque chirurgical adéquat.

Dans la boutique de ses parents, elle jette un coup d'œil sur les masques bleus avant de jeter son dévolu sur un de couleur rose, qui correspond mieux à son humeur du jour tout simplement. « *Pour moi, c'est un accessoire de beauté* », explique-t-elle.

Cette tendance, qui dissimule plus qu'elle ne met en valeur l'apparence d'une personne, fait fureur au Cambodge comme ailleurs en Asie, si l'on en croit les professionnels de la mode, les producteurs de masques chirurgicaux, les vendeurs et les adeptes. C'est un mariage entre le côté pratique et le chic, favorisé par la peur de la grippe A, de la pollution et de la poussière envahissante de la saison sèche.

« *C'est une sorte de mode* », confirme Amra Doeur, de chez Tom & Alice Custom Tailors à Phnom Penh, fabricant de vêtements sur mesure. « *Tout le monde porte un masque pour se protéger, mais la mode, c'est de choisir celui qui vous va le mieux.* »

Des articles fantaisie ont déjà fait leur apparition dans quelques boutiques afin de répondre à cette nouvelle demande.

> Mais il manque un élément essentiel à sa tenue : le masque chirurgical adéquat.

« *À mon avis, on va en voir dans les services pédiatriques des hôpitaux, dans les bibliothèques, les écoles et les aéroports* », prédit Irina Blok, une créatrice de masques fantaisie aux États-Unis. « *Le marché potentiel est énorme.* » Il suffit de faire un tour sur n'importe quel marché de Phnom Penh pour constater l'omniprésence et la diversité de cet accessoire dans le royaume. On en voit une variété infinie, se balançant au plafond des échoppes. Des objets ornés de personnages de dessins animés, dans toutes les couleurs de l'arc-en-ciel, qui ont perdu le côté sinistre du masque. Il est difficile

d'imaginer un quelconque ninja ou un tueur en série digne de ce nom qui vaquerait à ses affaires le visage dissimulé par une cagoule rose arborant un nounours ! Heureusement, les intentions de la plupart des adeptes du masque chirurgical sont tout à fait louables : c'est une question de santé et de protection, en particulier contre les particules de poussière et, pense-t-on, contre les maladies courantes comme la grippe.

Les Cambodgiens sont raisonnables, assure Chea Botom dans son magasin de souvenirs. « *En général, ils ne font rien d'inutile. Aussi, dans le monde actuel où pullulent les agents pathogènes, ne sortez pas sans votre masque - pour paraphraser le slogan d'une célèbre carte de crédit (« Ne partez pas sans elle »).* » Dans ce cas, pourquoi ne pas joindre l'agréable à ce qu'on juge nécessaire ? Pour Chea Botom, cet engouement pour le voile facial vient du Japon. Tout comme de nombreuses modes occidentales naissent dans les rues de Paris, la mode d'Asie voit souvent le jour à Tokyo. Il en va du masque comme du reste. Au début du XXe siècle, après que le Japon eut connu à son tour la révolution industrielle et son cortège de pollutions et de maladies, le

masque s'est répandu à l'extérieur des blocs opératoires, reflétant la peur maniaque qu'ont les Japonais des microbes et de la saleté. Il y a dix ans, quand une industrie touristique cambodgienne naissante a favorisé les contacts directs avec d'autres Asiatiques et leurs masques chirurgicaux, la tendance a rapidement gagné le royaume.

Néanmoins, la mode des masques branchés « *n'en est qu'à ses débuts* », commente Fiona Kizston, propriétaire de Wild Poppy. « *Quand les Cambodgiens auront vu plus souvent des Asiatiques d'autres pays portant des masques fantaisie, elle finira par s'imposer ici aussi.* »

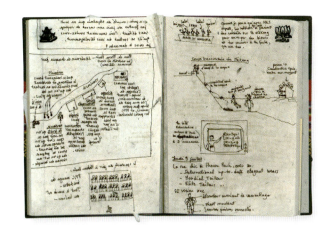

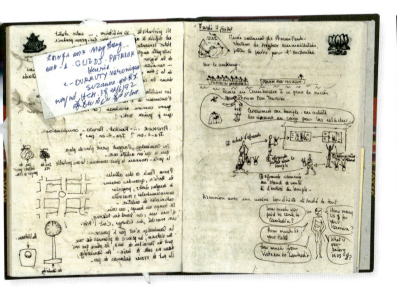

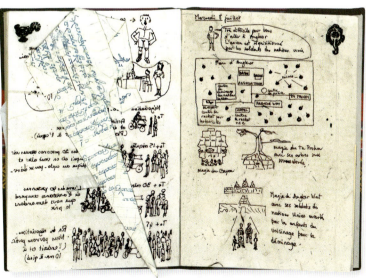

Sculpture du temple Preah Khan.

Boisson à emporter.

# LAOS

→ TAUX D'ALPHABÉTISATION : **73 %**
→ ESPÉRANCE DE VIE : **65 ans**
→ NOMBRE D'ETHNIES : **68**

Vieille femme en train de fumer.

Lézards, brochettes de
moineaux, larves, sauterelles
grillées, diverses gourmandises !
Crapauds à déguster aussi,
la rivière Nam Ou à Nong
Khiaw, mains de Bouddha
du Vat Visunala à Luang
Prabang, moines au bord du
Mékong à Luang Prabang.
Moines novices, procession
de moines mendiant leur
nourriture du jour dans
les rues de Luang Prabang,
temple de Vientiane, échoppe
vendant des baguettes le long
du Mékong
Éléphants (Le Laos,
surnommé pays au million
d'éléphants, voit sa population
d'éléphants dramatiquement
baisser : ils ne sont plus que
mille deux cents aujourd'hui,
dont cinq cents domestiques !
Les bêtes étaient autrefois
utilisées pour le transport
du riz et du bois de chauffage,
ce qui leur laissait du temps
libre pour se reproduire.
Aujourd'hui, le rythme de
travail est tel qu'à la fin de la
journée les cornacs préfèrent
laisser les éléphants attachés
à un arbre toute la nuit afin
de pouvoir les faire travailler
dès le lendemain matin.
Au train où vont les choses,
les éléphants domestiques
auront disparu des terres
laotiennes dans cinquante ans.),
grotte aux mille bouddhas sur
Mékong, le bouddhas du Vat
Mai à Luang Prabang, enfant.
Camion-bus, paysanne,
village dans la campagne,
toilette dans la rivière
Nam Ou (au Laos, 40 %
de la population n'ont
pas accès à l'eau potable).
Homme du village de Nong
Khiaw, jeune moine portant
son bol à offrandes dans
les rues de Luang Prabang,
jardins maraîchers le long
du Mékong, femmes attendant
la venue des processions
de moines au petit matin
à Luang Prabang, pour
leur offrir leur nourriture.

Il y a ici une indicible douceur. Dès l'arrivée, à Vientiane, j'ai été prise par cette douceur. La capitale est à taille humaine, à rythme humain, à bruit humain. Ensuite tout s'enchaîne. Douceur des routes qui sont de l'eau, rivière Nam ou fleuve Mékong. Elles charrient tranquillement, l'air de ne pas y toucher, le bois, les hommes, les alluvions, les poissons. Douceur des rituels bouddhistes, mille statues qui nous sourient, lentes processions des moines au petit matin, gestes des femmes agenouillées qui offrent le riz, prières psalmodiées à peine audibles. Douceur des parfums de frangipanier. Douceur des gens qui exhalent la paix, enfin et surtout.

Mains de Bouddha du Vat Visunalat à Luang Prabang.

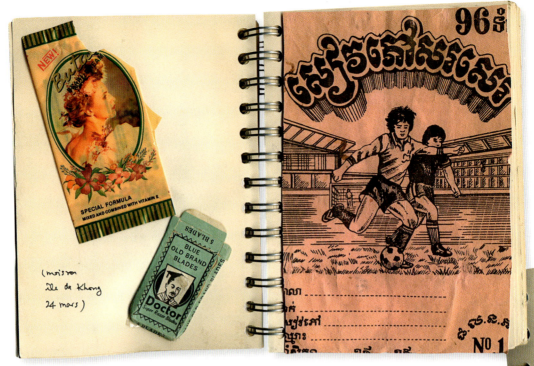

Au Laos comme dans tant de pays, mes carnets se nourrissent aussi de l'esthétique de la pauvreté. C'est terrible, ce sont les plus beaux, bien plus que ceux des pays « riches » qui m'alimentent en prospectus, papier glacé pour le touriste. Ici, la rue m'offre de beaux déchets abandonnés et oubliés faute de poubelle, et sur lesquels je m'émerveille : un « Bonsoir Paris, parfum de luxe », jeté tout récemment, côtoie une étiquette rendue belle par l'usure du soleil et de la pluie ; une boîte de conserve colorée compressée par les pneus des camions joue à imiter Arman, étui de marque Doctor, qui est à des heures de route.

186

---

**(top left — yellow ticket)**
ອີງກາມ ທ່ອງທ່ຽວແຫ່ງຊາດ
No 03193
ປີ້ຊົມອະນຸສາວະລີ
ລາຄາ 200 ກີບ
ວັນທີ .... ເດືອນ .... ປີ ....

**(top right)**
Le lion de
la bouteille
de soda.

Ici est le ~~musée~~ palais Royal (derrière la grille)

(TICKET)
No 05628
3000 ກີບ
PRICE : .......... KIPS
ທ່ພິພິທະພັນ ຫລວງພະບາງ
Luang Prabang MUSEUM
TEL ( 856-71 ) 212470 - 212122

**(left text block)**
(Retour à Vientiane. Le ticket de la porte Patxai, emblème de Vientiane, photo la plus demandé du Laos, monument très laid au demeurant dans le plus pur style franco-laotien qui a fait ses merveilles dans les reconstructions de temples; ou mieux, se demeures de bonzes : bas de villas arcachonaises des années 30, persiennes, bouddhas sculptés, toits de type thaï. Le ticket me permet de planquer l'appât doublement raté réalisé pour attirer une petite fille peinte. Peine perdue, c'est quand j'ai fait, pourquoi, pas pour appâter, le lion de la bouteille de soda, que ça a marché)

**(right text block)**
En sortant du palais, nous montons vers la colline de Luang Prabang et rencontrons 2 touristes d'origine laotienne. "la folle australienne" qui a quitté le Laos en 75 pour Bangkok, a attendre l'autorisation de ...

---

**(middle left — tiger collage)**
moisson du jour :
le tigre d'Asie
et le parfum
de Paris.

**(right page)**
Affiche éducative (chaque année, 60 à 80 morts). Le Laos a été plus bombardé que le Vietnam...

Mardi 17. Phonsavanh

Re-marché : celui des produits frais pour la 3ème fois, celui des produits secs où nous refaisons notre ménagère...

---

**(bottom left)**
annexe...
...se répercute au Laos, car beaucoup de choses ici dépendent de la Thaïlande. En 6 mois, le prix du ... a ... et passé de 17000 à 30000 kips, l'essence a doublé, la nourriture a augmenté de 40 à 50%. Les salaires n'ont pas suivi, et ... avec l'élection du nouveau président, on s'attend à ce que les boulons soient encore plus serrés.
Dimanche 9 mars. VIENTIANE
marché aux couleurs, aux odeurs, aux écorces, au pavot et des temples vieux et jeunes, et des Bouddhas et un Cornetto

**(bottom middle)**
quelques un des ingrédients du ...
repas sublime que nous avons fait ce jour...
bouche de petite fille laotienne
Emmanuel peut venir au Laos.

Cornetto CLASSICO

# VIETNAM

→ TAUX D'ALPHABÉTISATION : **90 %**
→ ESPÉRANCE DE VIE : **74 ans**
→ NAISSANCE DE LA RELIGION CAO DAI : **1921**

Nous avions réservé la chambre de Catherine Deneuve dans le film *Indochine*.

C'était lors de mon premier voyage au Vietnam, en 1992. Les premiers Occidentaux à voyager pour voyager étaient encore un peu suspects : transports en commun interdits, itinéraire à déclarer par écrit. Nous étions partis d'Hanoi, allions dormir sur la baie d'Along : heureux d'être entre rêve et réalité, nous avions réservé la chambre de Catherine Deneuve dans le film *Indochine*. Nous nous étions arrêtés à Haiphong, je photographiais des tas de riz, bizarrement comiques, imitant des chapeaux pointus. La police arriva, m'embarqua. Nul ne parlait anglais. Mon ami tenta les quelques mots de russe qu'il connaissait : on ne sait jamais, en pays communiste. Le chef de poste bafouillait le russe, ils avaient le même niveau, bonjour, bonjour, problème, problème, on n'était pas plus avancé. Le temps passait, le doigt des policiers sur le papier tamponné : Haiphong n'y figurait pas. Nous mimions que nous allions dormir ailleurs, rien n'y faisait. Soudain une jeune femme militaire surgit, français parfait. « Que faisiez-vous dans ce marché ? » « Je photographiais le riz, les tas de riz rangés en pointe. Pour les montrer, en rentrant. » « Non. Vous tentiez de voler des secrets stratégiques du Vietnam. » Je tentai d'expliquer qu'un marché alimentaire me paraissait peu fourni en éléments top secret, qu'on trouvait du riz en France, que je lui laissais ma pellicule si elle voulait, que j'avais le droit de regarder et de photographier le riz à Haiphong, ce n'était ni un pont, ni un aéroport, ni une zone militaire – rien n'y faisait. La nuit tomba. Je demandai : « Que va-t-il se passer ? Nous n'avons pas le droit de dormir à Haiphong, ce n'est pas signalé sur notre papier. » Elle nous dit de partir. Vite. Et me laissa ma pellicule.

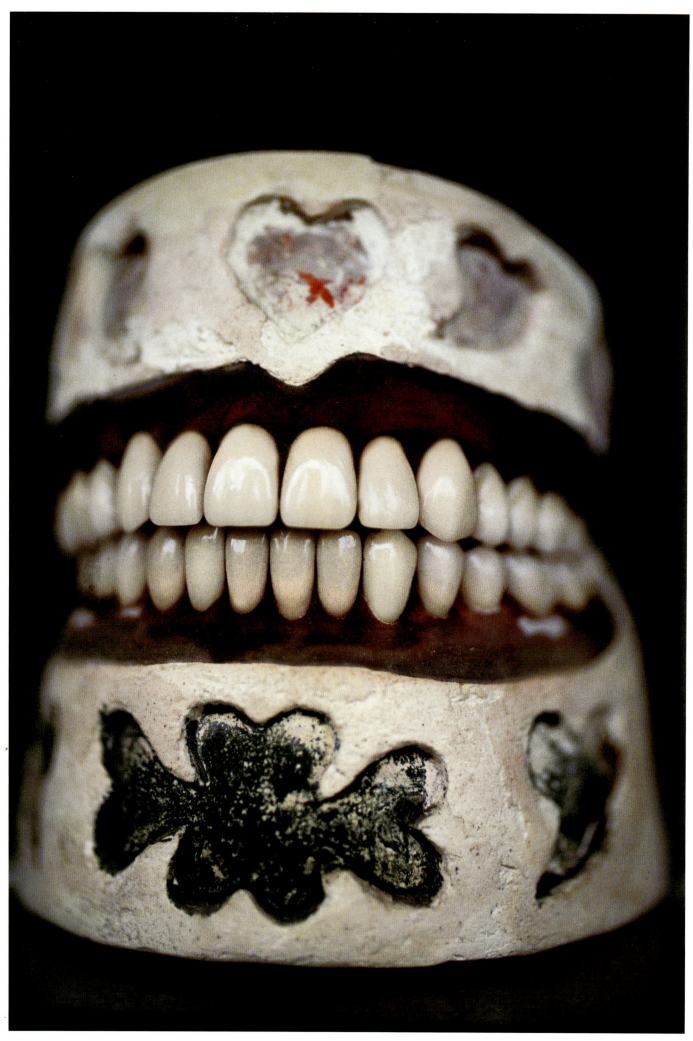

Dans la vitrine du dentiste.

Dormir par terre, dans
les environs de Hoi An, et moi
je dors dans un hôtel, même
*with bathroom* cette fois-ci !
Dans la vieille ville de Hue,
panneau dans un marché
de Saigon.

Gâteaux.

# HONG-KONG

→ TAUX D'ALPHABÉTISATION : **95 %**
→ ESPÉRANCE DE VIE : **83 ans**
→ EFFECTIFS DE L'ARMÉE : **0**

# MACAO

→ TAUX D'ALPHABÉTISATION : **93 %**
→ ESPÉRANCE DE VIE : **82 ans**
→ EFFECTIFS DE L'ARMÉE : **0**

# TAIWAN

→ TAUX D'ALPHABÉTISATION : **95 %**
→ ESPÉRANCE DE VIE : **78 ans**
→ EFFECTIFS DE L'ARMÉE : **290 000**

# SINGAPOUR

→ TAUX D'ALPHABÉTISATION : **95 %**
→ ESPÉRANCE DE VIE : **81 ans**
→ EFFECTIFS DE L'ARMÉE : **72 500**

PREMIÈRE LIGNE Poisson séché sur un marché de Singapour, inscriptions à la craie dans un jardin de Hong Kong. DEUXIEME LIGNE Poissons séchés dans une échoppe de Macao, graffiti à Macao.

Ce sont les Taiwanais qui sont partis, mais c'est la Chine qui, chaque jour, ressemble un peu plus à Taiwan. Je n'ai jamais été à l'aise dans les villes d'immeubles – sauf dans certains archétypes extrêmes, Manhattan ou Tokyo, qui me fascinent tant que je m'y sens bien.

Avant, à Hong-Kong, les avions passaient juste au-dessus de nos têtes pour atterrir tout près de l'eau. On pensait qu'ils allaient décapiter les immeubles et nous avec, simples passants, et qu'ensuite ils allaient s'abîmer dans la mer. Mais non.
Je me souviens des casinos de Macao, et de ses habitants qui, au petit matin, entre deux immeubles, font les gestes traditionnels de la gymnastique chinoise, pour ne pas oublier que le soleil nous éclaire encore, entre deux lampes électriques.

À Singapour, je fuis les malls – centres commerciaux géants qui font la célébrité de l'État, et où l'on trouve tout ce qui peut s'acheter cher, ici un peu moins cher, électronique, informatique, marques de luxe – et je me réfugie dans les quartiers à taille humaine, quartier indien, malais, maisons chinoises, à chaque voyage plus grignotés, encastrés entre les gratte-ciel.

**SINGAPOUR** Désireux d'accroître les revenus de l'île, le gouvernement singapourien a donné son feu vert à l'ouverture de casinos. Tout en essayant de dissuader ses concitoyens d'y aller, explique *Asia Sentinel*.

Ben Bland
23.04.21010

# Ouverture des portes à l'enfer du jeu

**ASIA SENTINEL POUR COURRIER INTERNATIONAL**

En 1823, quatre ans après que sir Stamford Raffles eut déployé le drapeau britannique à Singapour, l'île légalisa le jeu. Cette décision provoqua toutefois de telles dérives que l'État dut fermer les salles de jeu moins de trois ans plus tard. Aujourd'hui, Singapour espère que sa nouvelle tentative ne tournera pas mal. La cité-État a en effet autorisé l'ouverture de deux supercasinos, le Resorts World Sentosa, d'une valeur de 4,5 milliards de dollars [3,3 milliards d'euros], qui a ouvert ses portes en février, et le Marina Bay Sands, 5,5 milliards de dollars [4,1 milliards d'euros], qui ouvrira le 27 avril. Pour l'occasion, le parti au pouvoir a mis de côté ses instincts puritains. Il espère que les casinos attireront suffisamment de joueurs pour permettre à leurs exploitants, le malaisien Genting et l'américain Las Vegas Sands, qui ont investi massivement, de récupérer leur mise et de stimuler l'économie de Singapour. Il prie aussi pour que les casinos prospèrent sans que la prostitution, l'addiction au jeu et le crime organisé n'augmentent. Ce genre de problèmes a en effet tendance à proliférer autour des salles de jeu d'Asie.

D'ailleurs, en décidant de légaliser le jeu, le gouvernement a provoqué un débat inhabituel dans l'île. Une pétition opposée au projet a réuni des dizaines de milliers de signatures. Le gouvernement compte en particulier sur les riches Chinois du continent, qui cherchent des endroits pour parier loin de Macao, situé certes plus près de la Chine, mais où des policiers sont à l'affût des fonctionnaires prêts à jouer les deniers publics. Pour Singapour, ces deux casinos sont donc cruciaux. Grâce à eux, l'État compte attirer 17 millions de visiteurs d'ici à 2015, soit davantage que les 9,7 millions de touristes de l'an dernier, qui ont dépensé quelque 6,6 milliards d'euros. Le gouvernement, qui a baptisé les casinos du bel euphémisme de « sites intégrés », espère qu'au fil du temps les hôtels, les restaurants et les parcs à thème qui y sont rattachés

> D'ailleurs, en décidant de légaliser le jeu, le gouvernement a provoqué un débat inhabituel dans l'île.

généreront des revenus susceptibles de réduire progressivement la dépendance de Singapour aux seuls casinos. Pour parer à toute éventualité, les autorités ont interdit à plus de 29 000 personnes ayant fait faillite ainsi qu'aux bénéficiaires de l'aide sociale d'entrer dans les casinos et se sont efforcées de convaincre les familles des joueurs compulsifs de leur en faire interdire l'accès. De plus, les Singapouriens paient un droit d'entrée considérable de 100 dollars singapouriens [54 euros par jour] destiné à les dissuader de se diriger vers les tables de baccara ou les machines à sous. Les deux premiers jours, le premier casino aurait accueilli 35 000 joueurs, contre 114 000 pour le Venetian de Macao lors de son ouverture, en 2007, et généré 21,3 millions d'euros au cours de ces deux premiers jours, même si les experts pensent que ces chiffres sont surévalués. Selon l'Union Gaming Research [un cabinet spécialisé dans le secteur du jeu], le chiffre de 6 millions d'euros maximum serait plus vraisemblable. Selon la banque d'investissement Crédit Suisse, les gains dans le secteur des casinos à Singapour ne devraient pas atteindre des sommets. Au mieux, le chiffre d'affaires devrait s'élever à près de 2 milliards d'euros. À titre de comparaison, les 37 casinos de Las Vegas ont généré 4,5 milliards d'euros et

les 31 casinos de Macao quelque 10 milliards d'euros en 2008. Si Singapour devait dépasser Las Vegas durant ses premières années, le pari des autorités serait gagné. Mais le danger, c'est que les casinos et le gouvernement abandonnent toute prudence pour récupérer rapidement les sommes considérables investies par les actionnaires. « *Ce qui m'inquiète, c'est qu'ils ont beaucoup trop dépensé pour les deux établissements* », déclare Ronald Tan, un Singapourien spécialiste du jeu. « *Au lieu de pouvoir fonctionner de façon détendue pendant les premières années, ils subissent aujourd'hui une pression énorme.* » Surtout, le gouvernement devra réaliser un numéro d'équilibriste pour que le succès de l'industrie du jeu ne s'avère pas « *extrêmement destructeur pour la moralité et le bonheur de la population* », selon les termes employés voici cent quatre-vingt-sept ans par sir Raffles.

195

# CHINE

→ TAUX D'ALPHABÉTISATION : **93 %**
→ ESPÉRANCE DE VIE : **73 ans**
→ POPULATION : **1 331 400 000**

La première fois que je suis allée en Chine, en 1992, je me suis dit qu'ils étaient fous, ces Chinois, de construire en pleine ville secondaire des avenues à six voies, alors que les voitures étaient si rares et que les vélos, si nombreux, pouvaient à peine se frayer un chemin sur les pistes cyclables. La dernière fois, en 2006, j'ai pesté dans les embou-teillages de ces mêmes six voies. La Chine est grise et étouffante. Les Chinois visitent la Chine avec des porte-voix, compétitions en dissonance, les voitures vrombissent, les haut-parleurs crachent... Mais ou sont donc les subtils inventeurs de la cérémonie du thé, des estampes et des calligraphies ?

Manger sur un marché à Jinghong.

Le bus entre Cali et Lijiang : quatorze heures de route en 1992, deux heures et demie aujourd'hui !

Minorités du Yunnan.
EN HAUT, EN BAS À DROITE ET PAGE DE DROITE Naxis dans les rues de leur capitale, Lijiang.
EN BAS À GAUCHE Ethnie du Xishuangbanna.

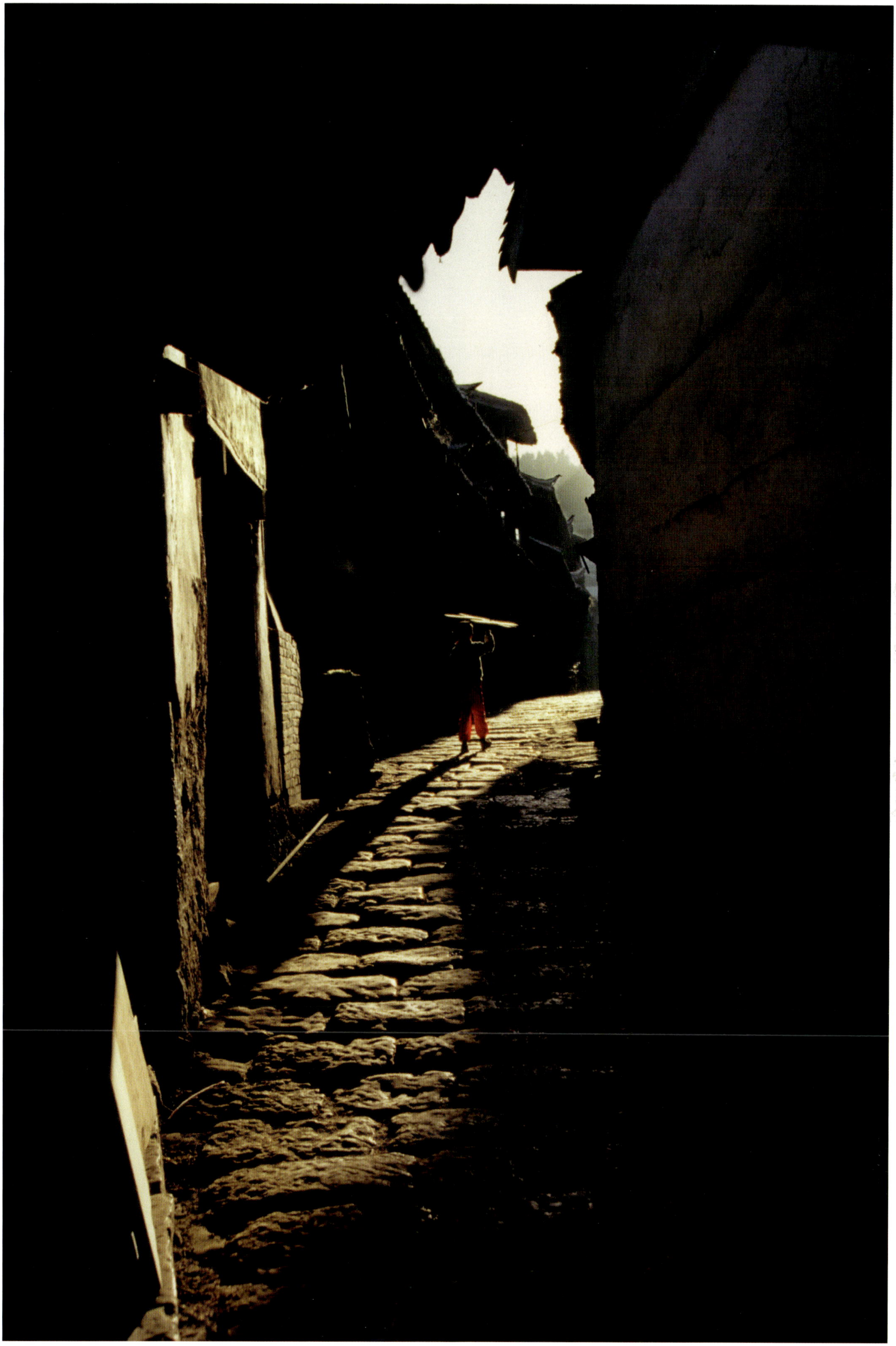

Je me suis dit qu'ils étaient fous,
ces Chinois, de construire
en pleine ville secondaire
des avenues à six voies.

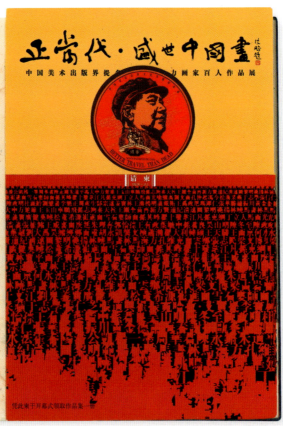

PAGE DE DROITE Le portrait
de Mao règne encore.

200

Statue dans une maison
de Pingyao, dans le Shanxi.
Pingyao signifie « confins
calmes » ; la ville a été
inscrite au patrimoine
mondial de l'humanité
par l'Unesco en 1997.

Scènes dans les monastères
sur les flancs du mont Emei,
dans le Sichuan. Emei Shan
est l'une des quatre
montagnes sacrées
bouddhiques de Chine.
C'est ici que fut édifié,
au Ier siècle, le premier
temple bouddhique chinois.
La multiplication ultérieure
des temples fit de ce site
l'un des principaux lieux
sacrés du bouddhisme, et
de nombreux pèlerins en font
l'ascension. Le mont Emei
est inscrit au patrimoine
mondial de l'humanité
de l'Unesco depuis 1996.

Uniforme de la garde Rouge. PAGE DE DROITE Intérieur de gare ferroviaire dans le centre de la Chine, mont Emei.

Guo Dong
03.02.2000

# Lorsque l'enfant (dis)paraît...

**DUZHE POUR COURRIER INTERNATIONAL**

L e modèle de la famille chinoise à trois serait-il en train de changer ? Une « aristocratie sans enfants » surgit dans notre civilisation de la fin du XXᵉ siècle. Une nation qui a toujours préconisé « *quatre générations sous un seul toit* » et idéalisé le fait d'« *avoir le cercle des enfants et petits-enfants à ses pieds* » en est abasourdie : une communauté d'un nouveau genre est née.

Il s'agit de la famille Dink - acronyme de l'anglais « *double income and no kid* » (double revenu, sans enfants) -, celle qui, ayant au cours des dernières années subi l'influence des modes de vie étrangers, dans les villes côtières les plus ouvertes, s'est mise à refuser toute progéniture. De jeunes couples en état de procréer préfèrent un « monde à deux » libre et à leur goût. Ils recherchent un mode de vie nouveau et actuel, et considèrent le fait d'avoir un enfant comme un fardeau. Les chiffres montrent que la proportion de couples sans enfants est de plus en plus forte chez les jeunes citadins. On estime que Pékin, Tianjin, Shanghai, Canton et d'autres villes grandes et moyennes comptent 600 000 foyers de ce type.

Avoir des enfants relève en fait d'une culture, d'une civilisation, d'une échelle de valeurs. « *Il y a trois manières d'être un mauvais fils, la pire est d'être sans descendant mâle.* » Depuis toujours, nous observons la tradition d'« élever des enfants pour se prémunir contre la vieillesse » [comme on amasse des grains pour les années de disette], car « *abondance d'enfants, abondance de richesses* », affirme le dicton. « *Engendrer un héritier mâle pour prolonger la lignée* » a toujours été l'objet principal du mariage, et les enfants tiennent dans la famille une place prépondérante.

Aujourd'hui, cette structure commence à peine à s'assouplir, et l'on voit apparaître une nouvelle définition de la famille, ainsi que la diversification des schémas familiaux. L'écart de développement économique entre les régions côtières et les régions intérieures s'exprime aussi sur ce terrain. Un grand nombre de paysans

> De jeunes couples en état de procréer préfèrent un « monde à deux » libre et à leur goût.

cherchent à avoir davantage d'enfants [en encourant des sanctions, car ils contreviennent à la politique de limitation des naissances], et voilà comment naît une « *armée clandestine des nés-hors-quota* ». Cependant que, pour ces jeunes ruraux, l'absence de fils est une malédiction, les familles citadines Dink se libèrent du fardeau de la procréation. La Chine voit coexister deux jeunesses aux conceptions du mariage et de la famille opposées : ceux qui se jouent des contraintes et ceux qui les subissent, les optimistes et ceux que les responsabilités accablent, les indépendants et les « reproducteurs ».

L'environnement socioculturel actuel a créé les conditions de création des foyers Dink. Les années difficiles sont passées, personne ne veut plus payer le prix du chaos [des années de la Révolution culturelle]. Jusqu'à la deuxième génération [née après la prise du pouvoir par les communistes, en 1949], personne n'aurait osé imaginer une chose pareille, mais, à la quatrième et à la cinquième génération, il n'y a plus de blocage. La famille évolue, elle n'est plus uniquement centrée sur la descendance, mais plus souvent fondée sur la notion de contrat entre les époux. Si cette attitude est

encore loin d'être majoritaire, elle dénote un questionnement nouveau sur la place de l'enfant et l'espace individuel.

Une étude sociologique menée sur la période 1960-1990 par un professeur de Harvard avait dénombré treize nouveaux modèles de familles américaines, parmi lesquels celui du « couple qui travaille, sans enfants ». Ces familles ont en général un niveau d'éducation supérieur, un fort intérêt pour leur travail et un revenu stable. Elles prônent l'indépendance de l'individu et l'égalité des sexes. C'est souvent la femme qui détermine le fait que le couple n'a pas d'enfants, par crainte.

Une femme ouïgour et son enfant au marché de Kashgar, dans le Xinjiang.

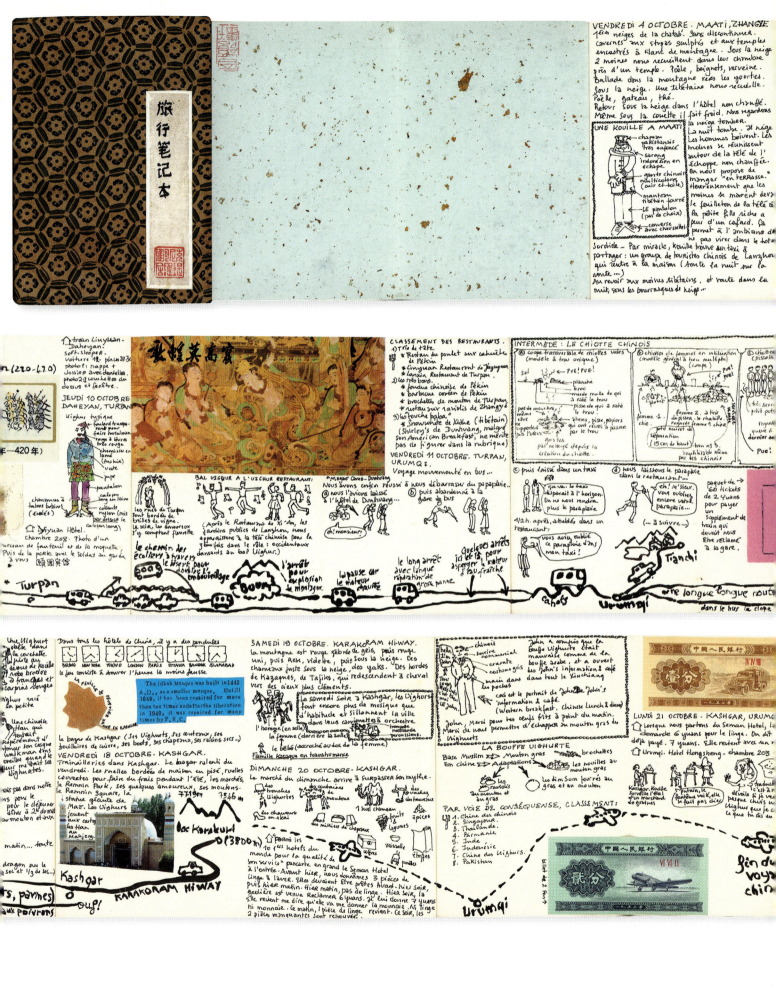

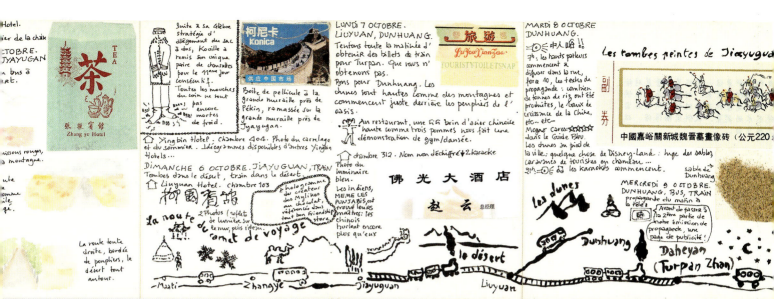

茶 Zhang ye Hotel · TEA

Konica 柯尼卡

LUNDI 7 OCTOBRE. LIUYUAN, DUNHUANG.
Tentons toute la matinée d'obtenir des billets de train pour Turpan. Que nous n'obtenons pas. Bons pour Dunhuang. Les chinois sont hautes comme des montagnes et commencent juste derrière les peupliers de l'oasis.
Au restaurant, une fifi brin d'osier chinoise haute comme trois pommes nous fait une démonstration de gym/dansée.

TOURISTYTOILETSNAP

MARDI 8 OCTOBRE DUNHUANG.
中人哈!! 7h. les haut-parleurs commencent à diffuser dans la rue, fora 10, les textes de propagande : combien de tonnes de riz ont été produites, le taux de croissance de la Chine... etc...
Mogao Caves dans le Guide Bleu. Les chines au pied de la ville : quelque chose de Disney-Land : huge des sables, caravanes de touristes en chameau...
21h. les karaokés commencent.

Les tombes peintes de Jiayuguan
中國嘉峪關新城魏晋墓画像磚 公元220

MERCREDI 9 OCTOBRE. DUNHUANG, BUS, TRAIN
propagande dès le matin à la télé
Avant de passer à la 2ème partie de notre émission de propagande, une page de publicité!

sable de Dunhuang

Suite à sa célèbre stratégie d'allègement du sac à dos, Kouille a remis son unique paire de chaussettes pour le 11ème jour consécutif. Toutes les mouches du coin ne sont pas encore mortes de froid.

Boîte de pellicule à la grande muraille près de Pékin, ramassée sur la grande muraille près de Jyayuguan.

Xingbin Hotel · Chambre 404. Photo du carrelage et du sommier. Idéogrammes disponibles d'autres Xingbin Hotels.

DIMANCHE 6 OCTOBRE. JIAYUGUAN, TRAIN
Tombes dans le désert, train dans le désert
Liuyuan Hotel · chambre 103
柳園賓館
La route du carnet de voyage

2 Photos (reflets de lumière sur le mur, puis idem)

佛光大酒店
趙云 总经理

chambre 312 · Nom non déchiffré + 2 karaoke
Photo du luminaire bleu.
Les indiens, MEME LES PUNJABIS ont trouvé leurs maîtres: les chinois hurlent encore plus qu'eux.

La route toute droite, bordée de peupliers, le désert tout autour.

Maati — Zhangye — Jiayuguan — Liuyuan — le désert — Dunhuang — Daheyan (Turpan Zhan)

PARAPLUIE : LA SUITE ET FIN.
Au petit matin, le laissons dans le compartiment du train "eh! M'sieu!"
Ce matin, en quittant l'hôtel de Tuefan, nous l'avons soigneusement plaqué au fond d'un tiroir. Personne ne nous l'a rendu.
Hotel Hongsheng · chambre 138 - Photo des reflets de soleil sur le mur (avec morceau de couette).
SAMEDI 12 OCTOBRE. URUMQI.
Changement de chambre : chambre 408. Photo d'un détail de la tapisserie.
URUMQI : mélange de chinois Han, et de Uighurs. (avons également un groupe de 30 étudiants Mongols qui nous ont posé les questions habituelles : d'où vient-on? notre nom? etc...)
les peupliers OASIS le coton le désert

l'oublions dans le bus pour Turpan. Mon voisin le ramène. "eh! votre parapluie!"

Dans le parc Renmi, les amoureux viennent s'embrasser et les autres viennent se faire prendre en photo devant les arbres d'automne.
les mariés, les bébés, les midinettes, les couples respectables.
En dehors du parc, les Han aiment à se faire photographier.
Sur fond d'ambrocie et ses lampadaires
devant l'immeuble de l'Holiday Inn, un des plus hauts d'Urumqi (peut-être le plus haut)
DIMANCHE 13 OCTOBRE - URUMQI, TIANCHI.
Tianchi ressemble à une Suisse où il y aurait des Kazaques qui auraient planté leur yourtes et des chinois en costume 3 pièces qui viendraient faire le tour du lac à cheval Kazaque - 1 p'tit tour et puis s'en va. A 16h00 les hordes de chinois en costume s'en vont. Restent les Kazaques et nous.

Dans une yourte (la yourte d'Adil, reportage.) Au mur, 2 hiboux, 2 renards des neiges. Des tapis brodés par les femmes kasaques. Toit ouvrable. Structure en bois, extérieur en laine, intérieur coquet.
Dans 15 jours, le village aura plié ses yourtes pour prendre ses quartiers d'hivers dans la plaine.
LUNDI 14 OCTOBRE. TIANCHI, URUMQI.
Les Kazaques boivent de l'alcool et cassent les bouteilles, foncent au triple galop en hurlant sur les sentiers à pic, ont de beaux tapis de selle colorés assortis à leurs yourtes, et détestent les chinois.
Urumqi. Hotel Hongsheng · chambre 408 (pas de photo de chambre)

MARDI 15 OCTOBRE. BUS.
Dans notre sleeping bus, il y a :
un Uighurt typique têtu à fournir des pieds
Une jolie Uighur moderne, un peu nymphéa, qui passait son temps à remonter sa jupe avec faux Adidas et faux Nike laquelle il y avait un jupon rose et le Rahimef amoncellement de caleçons et collants!
Un gros Uighurt typique avec son chapeau de feutre paille "World cup" (on trouve aussi des chapeaux de Han avec le chapeau, mais très...)
bruchettes 1 et 3
Nous nous arrêtons petit déj à 8h, à 5h. et pour le dej menu fixe : pâtes au poivrons
MERCREDI 16 OCTOBRE. IDEM.
JEUDI 17 OCTOBRE. KASHGAR. (Arrivée dans la nuit mais à 9h. du mat la Chine est à 1 heure de Pékin...)
Seman Hotel · chambre 401. Photos du miroir, thermos 1/2 se

Longue toute une journée puis toute une nuit (arrêts, pannes) puis toute une journée et une nuit de rab (cf. arrêts)
les crachats de crachats le moteur qu'on démonte le moteur qu'on remonte l'odeur de pieds le froid le cadavre sur le toit les ronflements les pipis en commun le 6è arrêt le moteur qu'on démonte le moteur qu'on remonte pâtes au

...trait d'un article sur Yang Bensen, le directeur de ...njiang Airlines.
In the ...l, he joined the Communist Party of ...l.
From 1979 to 1985, he piloted ...5 aircraft in North and South Xin... sowing seeds, getting rid of insects ... weeding etc. He and his comrades ...ed together with the peasants and ...men, living in tents and eating on ... grassland.
At abroad, he spared no efforts ...rn the new aircraft type. He put up ...igures and data concerning Tu - 154 ...e dormitory wall and recited them in ...arly morning or late evening. So he ...sed the characteristics of the aircraft ...within 90 days.
...shgar et ses gavroches genre Doisneau.
casquette de ti\k
rimousse sale
veste de grand, étriquée, élimée
jouent aux billes dans les rues
galoches usées
o...

...RDI 22 OCTOBRE. ÜRÜMQI.
Renmin Park et ses pagodes sont enneigés.
...ville est enneigée, ambiance New York
...pacatille...

he devoted his heart and soul to his work. His parents, who are in Qingdao, far away from Xinjiang, miss him very much and want him to go there to work. But, he profoundly knows that Xinjiang needs him, and Xinjiang Airlines needs him. In order to focus his attention on flying, shortly after his son was born, he sent him to his parents.
For many years, he has been chosen as Excellent Party Member and Advanced Worker. He has been awarded Grade Two, Grade Three and Ten Short - term Flying Safety Medals by Xinjiang Airlines and Grade One Flying Safety Medal by CAAC. In 1995, he won the title of Model Worker within Xinjiang Uygur Autonomous Region.

Ürümqi est la ville du monde la plus éloignée de la mer. Nous envoyons à Paris un colis par bateau le coût posté... qui pour l'Afghanistan bien moins cher que par...

classement déf. des restaurants de Chine :
1) Trio de tête :
* Linyuan restaurant de Jiayuguan.
* Restau du poulet aux cacahuètes de Pékin.
* Restaurant Alley d'Urumqi.
2) Les 3 très bons :
* Lanxin restaurant de Turpan.
* Fondue chinoise de Pékin.
* brochettes de Kaifeng.
3) Touche babe
* Snowwhite de Xiehe
Mention spéciale au buffet breakfast du Holiday Inn de Ürümqi (pour lequel Kouille se lève comme un ressort)
4) Les pires
* les raviolis au gras du marché de Kashgar (Uighur)
* les raviolis au gras d'Urumqi (Uighur)
* le Dim Sum au gras du marché de Kashgar (Uighur)
MERCREDI 23 OCTOBRE, URUMQI - ISLAMABAD.
Pour rompre avec sa mauvaise réputation CAC = China Always Cancel, le vol décolle avec 40 minutes d'avance. Dans l'avion, nos premiers Pakis:
"Don't worry! No problem you go to Pakistan!"
"Aaah! Soon, back to civilisation"
"In Pakistan everything is possible!"

Au revoir, la Chine...

Nous sommes bien au Pakistan. Aujourd'hui, on nous a offert : des bonbons, une photocopie, du thé, de l'eau, une table et des chaises pour dessiner dans la rue...
Paradise Inn, à Rawalpindi - chambre 307. Photo de la petite lampe Rouge.

Specialized in Pakistani, Continental, English & Chinese cuisines served in both buffet & a-la-carte in three banquet halls.

Nous sommes bien au Pakistan : nul ne se déplace sans son fusil et sa cartouchière. Les fiers guerriers boivent leur thé dans des tasses en porcelaine, le petit doigt en l'air.
JEUDI 24 OCTOBRE. RAWALPINDI, LAHORE.
Le bus se fait racketter par des bandes d'hommes qui bloquent l'autoroute (ils en ont marre d'attendre le bus public, des queues comme à Cuba)

Les embouteillages de Lahore :
hihihi! Thaü! Pouet Ding
(et malgré tout, la lumière magique sur le Fort...)
Falelti's Hotel - chambre 47. L'Hôtel de luxe de la période coloniale. (Un peu déchu sauf les prix)
VENDREDI 25 OCTOBRE. LAHORE.
Rient Lahore
fêtes de mouton (pour manger) dégats à ciel ouvert
pollution
bagnes de poulet + quelques plumes
Dal nageant dans le gras
(quelques horreurs de paix : mosquées, les jardins du Fort, les jardins de Shalimar où l'architecte du Taj Mahal s'est entraîné)
ready?
Nous sommes bien au Punjab. Nous avons été pris en photo 624 fois aujourd'hui
Notre hotel de luxe a, sur les portes des chambres, à l'extérieur, une petite lampe rouge qui s'allume de l'intérieur. C'est pour sonner le garçon d'étage sans faire le bruit.

Jeune fille mongole.

# MONGOLIE

→ TAUX D'ALPHABÉTISATION : **73 %**
→ ESPÉRANCE DE VIE : **65 ans**
→ NOMBRE DE MONASTÈRES AUTORISÉS DE 1945 À 1990 : **1**

On roule dans la steppe. C'est comme un océan, mais nous n'avons ni boussole, ni sextant. Ni GPS. Et pourtant, il (mon ami) se repère. Toujours nous finissons par trouver la yourte d'une famille de nomades (qui, par définition, est mouvante, sans radio ni talkie-walkie, pourtant, il les trouve aussi). Nous buvons le lait de jument fermenté, mangeons la soupe de mouton – toujours on m'offre le morceau de choix : la mâchoire et son morceau bien gras, à arracher dessous les dents.

Toujours on m'offre le morceau de choix :
la mâchoire et son morceau bien gras,
à arracher dessous les dents.

De gauche à droite, première ligne
Désert de Gobi, bureau
de poste dans un des rares
villages de la steppe,
nomade à cheval avec son
urga, lasso mongol au bout
d'une perche, qui sert à
capturer le bétail depuis
son cheval, nomade dans
la steppe.
Deuxième ligne
Campement de nomades,
désert minéral dans le
Gobi moyen, enfant nomade
dans le désert de Gobi,
Gobi moyen.

Troisième ligne
Nomades dans la steppe,
ode à la paix, détail
d'une fresque monumentale
de l'époque soviétique
à Oulan Bator.
Quatrième ligne
Scènes de la vie nomade.
Cinquième ligne
En voiture, à cheval, à vélo,
à moto, les moyens de
se déplacer dans la steppe
sans pistes... Le cheval
reste le plus adapté...

La vie nomade.

Portrait d'un adolescent nomade.

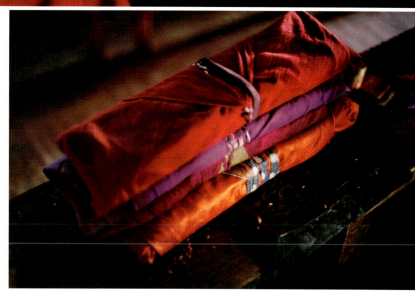

Scènes de la vie religieuse.
Plus de cent monastères
ont rouvert en Mongolie
depuis la fin de la période
communiste.

# BOURIATIE

→ TAUX D'ALPHABÉTISATION : **99,5 %**
→ ESPÉRANCE DE VIE : **67 ans**
→ POURCENTAGE DE BOURIATES
EN BOURIATIE : **24 %**

# SIBÉRIE

→ TAUX D'ALPHABÉTISATION : **99,5 %**
→ ESPÉRANCE DE VIE : **67 ans**
→ CONSTRUCTION DU
TRANSSIBÉRIEN : **1891**

# RUSSIE

→ TAUX D'ALPHABÉTISATION : **99,5 %**
→ ESPÉRANCE DE VIE : **67 ans**
→ SUPERFICIE : **17 075 400 km²**

On était venu en Transsibérien. La ligne qui part depuis Pékin. Samovar dans les wagons, caviar au wagon-restaurant (sec, mais vrai caviar quand même). On s'arrêtait tout le long, on prenait les chemins de traverse, on voyait le paysage changer. La Mongolie est une terre de nomades, elle dépasse les frontières des hommes. On les a toutes traversées, ces Mongolie de nationalités diverses. La Mongolie située en Chine, que l'on appelle *intérieure*. Puis la vraie, la pure et dure, celle des nomades et de Gengis Khan ; le train y était incongru, on avait envie de chevaux (de fait, nous eûmes une vieille jeep). La Bouriatie enfin, dernier morceau de Mongolie, steppe, chamanes et monastères lamaïstes mêlés, dans un opium du peuple vivace. C'est après que ça bascule, et que l'on change d'univers : en Sibérie, lorsqu'on arrive au lac Baïkal, les grandes forêts et la taïga. Puis il y a Irkoutz, maisons de bois et barres d'immeubles. Et puis un jour ce fut Moscou.

Néons indiquant les sorties de secours dans un hôtel moscovite.

**PARIAS** Le déclin démographique est toujours plus marqué en Asie orientale. Taiwan, Singapour et la Corée du Sud en sont les premières victimes, avant même le Japon.

Andreï Kalatchinski
26.11.2009

# Les derniers colons russes

## *OGONIOK* POUR COURRIER INTERNATIONAL

Les vieux-croyants sont les membres des communautés issues du schisme (raskol) qui divisa l'Église russe au XVIIᵉ siècle. Rejetés par la société parce qu'ils refusaient la réforme des rites orthodoxes imposée par le patriarche Nikon en 1653 (et confirmée par le concile de 1666-1667), ces hommes et ces femmes n'ont cessé, depuis cette époque, de fuir les persécutions, trouvant refuge en Sibérie, toujours plus loin vers le nord et l'est, où ils ont multiplié les ermitages, mais aussi à l'étranger. Lire à ce sujet *Ermites dans la taïga*, de Vassili Peskov, éd. Actes Sud. Tous les ans, le Primorié [Extrême-Orient russe] perd environ 1 % de sa population, soit près de 20 000 personnes. Certaines partent vers la Russie d'Europe, d'autres émigrent en Ukraine, au Canada, en Nouvelle-Zélande ou en Australie. Durant le premier semestre de 2008, on n'a vu en revanche arriver que huit familles (la plupart originaires du Kirghizistan et du Kazakhstan), c'est-à-dire une vingtaine de nouveaux habitants. Ces gens ont été déçus par ce qu'ils ont trouvé, déplorant que la promesse d'un emploi n'ait pas été tenue et que les salaires soient si faibles. Les pouvoirs publics craignent de les voir repartir. Dans ce sombre contexte, on note toutefois un signe encourageant : la venue de gens à qui le travail ne fait pas peur et qui sont prêts à s'installer pour de bon dans ces rudes contrées. Ces immigrés-là sont nés bien loin du Primorié, en Uruguay. Les rares bénéficiaires du Programme national de rapatriement des personnes d'origine russe qui atterrissent dans la région ont la même exigence : un bon emploi dans une ville offrant toutes les commodités, c'est-à-dire Nakhodka ou Vladivostok. Pourtant, certains sont prêts à accepter d'aller vivre dans un village qui n'est même pas relié à une ville moyenne par une ligne de bus, car le village en question est le berceau de leurs ancêtres. Il s'agit des vieux-croyants, dont plusieurs familles ont déjà quitté l'Amérique latine pour la Russie et qui, si tout se passe bien, seront suivies par une quarantaine d'autres. Vassili Reoutov et Alexeï Kiline sont venus en éclaireurs. Ils souhaitent faire revivre le village de leurs aïeux, Laouli. Dans le district de Krasnoarmeïski, ils ont découvert de lointains parents. Les vieux-croyants sont ici chez eux. Leurs ancêtres ont découvert ces lieux reculés à la fin du XIXᵉ siècle et s'y sont fixés, parmi les Oudégués*. Laouli, aujourd'hui rebaptisé Dersou, se trouvait à 4 kilomètres seulement du plus grand village oudégué des rives de l'Iman, Santchikhez (qui s'appelle désormais Ostrovnoïé). Leur cohabitation était pacifique. Lorsque le pouvoir soviétique, farouchement athée, a fini par atteindre ces coins perdus, dans les années 1920, ceux qui le purent s'enfuirent en Chine, en Mandchourie. De là, certains gagnèrent l'Australie ou l'Amérique latine. Près d'un siècle plus tard, des liens se renouent donc entre les Russes restés sur place et ceux qui ont franchi les océans. Le 16 mai 2009, à 2 heures du matin, le Transsibérien effectue un arrêt dans une petite gare du district de Krasnoarmeïski. Il laisse descendre une grande famille : trois générations, seize personnes en tout. Fiodor Kronikovski, directeur du parc national « Légende oudégée », et le père Evgueni, le prêtre de l'église locale, sont là pour les accueillir, avec le bus de l'église. C'est franchement un bel exploit de quitter l'Amérique latine pour venir s'installer au fin fond de la taïga, sur les rives de l'Oussouri, où il fait – 30 °C en hiver... En Uruguay, ces gens élevaient du bétail pour la viande ; désormais, ils devront s'inquiéter de leur prochaine récolte de pommes de terre et des portées de leurs truies... L'arrivée de ces vieux-croyants a incontestablement fait un heureux : le directeur du parc national. Pour Fiodor Kronikovski, des gens fiables sur lesquels il pourra s'appuyer dans ses activités de protection de l'environnement sont une aubaine, car la plupart des habitants ont perçu la création du parc comme une atteinte à leur droit de chasser, de pêcher et d'abattre des arbres à leur guise. Si ce parc s'appelle Légende oudéguée, c'est qu'il n'a pas pour unique but de préserver la nature, mais aussi de faire renaître le mode de vie traditionnel des Oudégués. Or ceux-ci se montrent plutôt tièdes. Ils avaient rêvé de prospérité et se sentent floués. Ils ont rédigé des pétitions, expliquant que ce parc s'est transformé pour eux en réserve d'Indiens et qu'ils n'ont en outre jamais donné leur accord pour qu'il porte le nom de leur peuple. Or voici qu'en amont, sur l'Iman, devenu il y a quarante ans le Grand Oussouri (afin que les Chinois aient plus de mal à faire valoir leurs revendications territoriales), une nouvelle situation est apparue, avec les vieux-croyants. « *La perspective de voir revivre un village de vieux-croyants grâce à d'authentiques porteurs d'un mode de vie chrétien ancré dans l'histoire russe m'a séduit, explique M. Kronikovski. Ces familles ont de l'expérience dans l'écotourisme, elles pratiquent plusieurs métiers, parlent des langues étrangères, ne sont pas alcooliques.* » Tout le monde a conscience que l'arrivée de ces vieux-croyants revêt une importance toute particulière pour la vie locale, ainsi que pour le Primorié et la Russie, leur patrie. Ce ne sont pas des étrangers qui s'installent mais des Russes qui reviennent. Leur existence ne sera pas facile. Mais Vassili Reoutov rappelle que, lorsque les premiers vieux-croyants sont arrivés en Amérique du Sud, ils avaient déjà dû s'établir là où personne ne voulait vivre.

*Peuple autochtone du bassin de l'Oussouri. Voir, sur les peuples de cette région, *Dersou Ouzala*, le film d'Akira Kurosawa (1975), et lire *Le Dernier des Oudégués*, d'Alexandre Fadeev, éd. du Progrès, 1977.

# JAPON

→ TAUX D'ALPHABÉTISATION : **99 %**
→ ESPÉRANCE DE VIE : **82 ans**
→ POURCENTAGE DU C.A. DE VUITTON FAIT PAR LES JAPONAIS : **70 %**

Osaka.

PAGE DE DROITE, DE GAUCHE À DROITE
PREMIÈRE LIGNE Geisha à Kyoto,
gare de banlieue de Kyoto,
dans le Shankansen,
temple à Osaka.
DEUXIÈME LIGNE Hôtel de Philippe
Starck à Tokyo, banlieue
résidentielle de Tokyo,
geishas à Kyoto, quartier
Uneo à Tokyo.
TROISIÈME LIGNE Fête dans un
temple d'Osaka, *salaryman*
à Tokyo, marché à Tokyo,
sieste au parc Yoyogi à Tokyo.
QUATRIÈME LIGNE Temple de Kyoto,
jardin zen à Kyoto, manga,
rockers de Yoyogi.
CINQUIÈME LIGNE Tokyo, érables
en automne à Kyoto, marché
à Tokyo, dans un temple
de Kyoto.
SIXIÈME LIGNE Jardin zen à Kyoto,
taxi de Tokyo, temple à Kyoto,
geishas à Kyoto.
SEPTIÈME LIGNE Dans les rues
de Sapporo, magasins du
quartier Harajuku à Tokyo,
manga.

Quand on arrive au pays du Soleil levant, on commence par vivre la nuit : on reçoit le décalage horaire de plein fouet, on est dans un drôle d'état, électrisé par l'énergie, le chaos poétique de Tokyo. *Salarymen* en costume cravate sombre et en goguette, *Shibuya girls* – du nom du quartier où elles s'habillent, toutes griffes dehors –, Prada, Chanel, Vuitton, créatures de Shinjuku rétro-échappées des mangas du futur, collégiennes au col marin, sourire en douce, et d'un coup du train ultrarapide, bonjour le mont Fuji – vision presque subliminale tellement ça va vite, petite calotte neigeuse, parfaite –, et voici Kyoto, des temples et des jardins, et le soir venu, quelques fantômes de geishas dont les *getas* aux semelles plate-forme clic-claquent sur le pavé, entre taxi et maison de thé.

Immeuble du quartier de Shinjuku à Tokyo. PAGE DE DROITE Entrée de salon de thé à Kyoto.

Double page suivante,
page de gauche Statue dans
un temple de Nara.
Page de droite, de gauche à droite.
Première et deuxième lignes Tokyo.
Troisième ligne Kyoto.
Quatrième, cinquième
et sixième lignes Tokyo.
Dernière ligne rouge de Tokyo,
enseignes lumineuses d'Osaka
(c'est de ces enseignes que
s'est inspiré Ridley Scott
pour le décor de *Blade
Runner*), immeubles à Tokyo,
tonneaux de saké dans un
temple de Tokyo.

Ci-dessous
Sous un pont routier de Tokyo.

Page de droite
Le tohu-bohu de Tokyo.

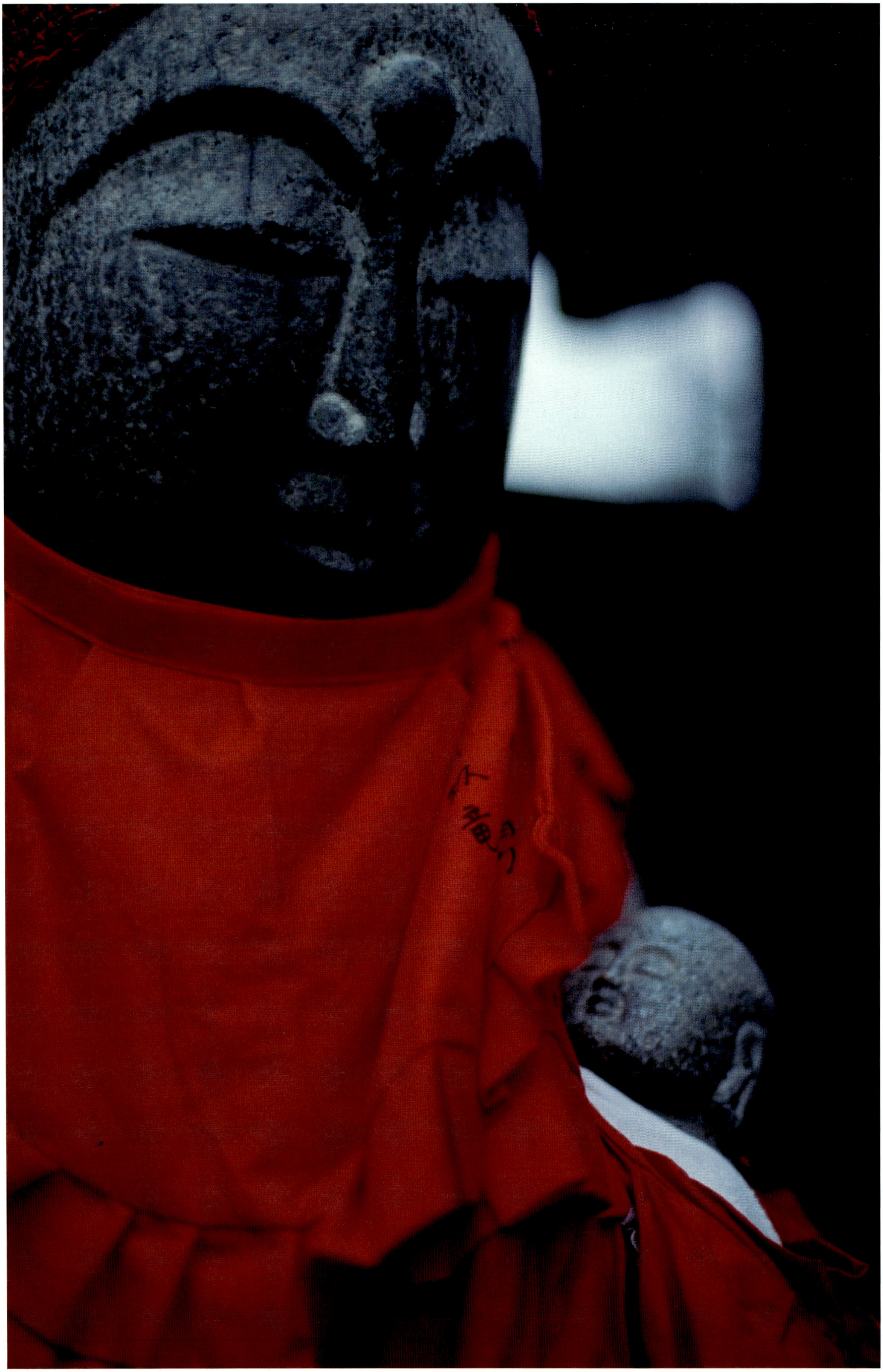

*Salaryman («col blanc») de Tokyo] dans un square d'Ueno pendant sa pause déjeuner.*

Petite fille de Tokyo. Les enfants sont rares dans le centre de Tokyo : on n'y voit pas d'enfants et peu de personnes âgées, le prix du mètre carré reléguant les habitations loin en banlieue. Les quartiers du centre sont presque exclusivement réservés au travail, au shopping et aux lieux de sorties.

Personnages du quartier Harajuku à Tokyo.

# « SÔSHOKO » : LES HERBIVORES

**COURRIER INTERNATIONAL**

Kazuhiko Yatabe
21.01.2010

Chacun sait que le Japon, pays exposé au risque sismique, a développé un savoir-faire technologique de pointe afin d'y faire face. D'où vient, alors, cette sorte d'apathie nippone face au drame vécu par les Haïtiens depuis le 12 janvier ? Sans doute ne suis-je pas le seul à être pris par l'idée que l'archipel, en dépit de tout, demeure lové dans une espèce de cocon douillet qui l'isole de l'extérieur ; qu'il est peuplé, pour reprendre une expression qui fait actuellement fureur, d'« herbivores » – d'hommes doux, passifs en amour, peu portés sur la consommation ostentatoire, indifférents à la carrière professionnelle, aimant les sucreries et les produits de beauté, préparant la gamelle (le bentô) du déjeuner... Cette étiquette, comme toute catégorisation, présente bien entendu une part d'arbitraire. Mais elle révèle aussi une tendance de fond : le recul indéniable du machisme chez les jeunes générations. À ce titre, l'herbivore parmi les herbivores serait Yukio Hatoyama, le Premier ministre, dont on dit que l'accession au pouvoir ne l'a pas empêché de continuer à faire la vaisselle... Certes, cela est tout à son honneur. Mais que penser de l'absence de mention de la souffrance des Haïtiens dans son allocution de dimanche, à l'occasion du quinzième anniversaire du séisme de Kobe ? Ne dénoterait-elle pas les limites d'une pensée en quelque sorte ruminante, qui, postulant un environnement apaisé, ne parviendrait pas à embrasser le monde dans ce qu'il a de dur et de tragique ? Depuis 1945, les Japonais ont prôné ce qu'ils appellent la « diplomatie pacifiste ». Si celle-ci n'est pas mise en œuvre aujourd'hui à Haïti, à quoi sert-elle, au juste ? L'alternance n'était-elle pas le moment rêvé pour envisager un pacifisme actif – plus « carnivore », en somme.

# « WAJIN » : LES JAPONAIS

Kazuhiko Yatabe
06.05.2010

Wajin, ou les gens du Wa, du Yamato : c'est ainsi que les Chinois ont désigné les habitants de l'archipel, avant que ces derniers ne commencent, à partir du VIIe siècle, à employer le mot Nippon pour évoquer l'entité étatique en train de se mettre en place. Pour résumer brutalement les enjeux autour de l'utilisation de cette dénomination, on peut dire que celle-ci a supposé, tout au long de l'histoire pré-moderne, un jeu d'étiquetage et d'assignation identitaire par lesquels des groupes d'individus de force inégale – les Wajin d'un côté, les Aïnous de l'autre, par exemple – se sont constitués en communautés de destin en traçant une frontière mentale qui les distingue les uns des autres dans un mouvement d'exclusion mutuelle (c'est ce que montre *Princesse Mononoke*, le chef-d'œuvre de Hayao Miyazaki). L'histoire du Japon, dans sa phase moderne notamment, peut être dès lors saisie comme une transformation des Wajin en Japonais, transformation assortie d'une expansion territoriale et coloniale faisant appel à une politique d'assimilation tous azimuts ; les peuples les plus fragiles se sont ainsi trouvés happés au sein de la communauté nationale. Tel a été le cas des Okinawais au sud, des Aïnous au nord. Face à l'emprise de la nation japonaise, ces derniers ont dû se définir, durant tout le XXe siècle, comme une pure négativité, n'osant plus utiliser, pour eux-mêmes, le qualificatif « aïnou ». Depuis les années 1980, on assiste certes à des mouvements de reconquête de la dignité aïnou, et l'État a récemment reconnu leur statut de peuple premier. Ce qui ne garantit en rien la disparition de la discrimination ni des préjugés ; encore moins la survie d'une manière d'être en ce monde qui n'a cessé d'interroger le sens de la modernité japonaise.

Île de Yeongjiong.

# CORÉE DU SUD

→ TAUX D'ALPHABÉTISATION : **100 %**
→ ESPÉRANCE DE VIE : **79 ans**
→ LONGUEUR DE LA FRONTIÈRE
   AVEC LA CORÉE DU NORD : **238 km**

Séoul est trop grande, trop bruyante, trop four-
millante, trop fatigante. Moi, j'aime la petite île
de Yeongjiong, son temple qui n'a rien de remarquable qu'une ambiance champêtre, ses plages
désertes, ses villages aux marchés de pêcheurs.
Mais ils sont comptés, les jours sereins de l'île
sans rien : pour désengorger Séoul, de grands programmes résidentiels sont prévus, rues tracées au
cordeau, réverbères, commerces et parkings. Il
faudra chercher les poches résistantes du *pays du
Matin calme* au cœur de l'agitation frénétique de
Séoul, le doux sanctuaire confucéen de Jongmyo.

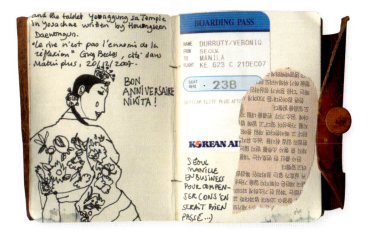

# PHILIPPINES

→ TAUX D'ALPHABÉTISATION : **93,4 %**
→ ESPÉRANCE DE VIE : **72 ans**
→ NOMBRE D'ÎLES : **7 107**

Ci-dessous
Plage près de Moalboal,
sur l'île de Cebu.
De gauche à droite
Dormeur à Luzon, plage
de Cebu, camion-bus
sur l'île de Bohol.

Page de droite
En haut
Manille.
En bas Village de Mainit dans
les montagnes de Luzon.

Il s'appelle Francis Pa. C'est un kalinga, de la terrible ethnie des coupeurs de têtes. Son oncle en était un, il portait les tatouages rituels réservés aux victorieux trancheurs. On ne coupait pas les têtes comme ça, le passant tranquille n'avait rien à craindre. C'étaient des histoires sérieuses, pour venger le village, des querelles de territoire ou d'honneur bafoué. Mais surtout, surtout, il était bon de couper une tête parce que ça plaisait aux filles. Depuis les années 1950, on ne coupe plus de têtes dans le coin. Francis Pa est célibataire.

On ne coupait pas les têtes comme ça, le passant tranquille n'avait rien à craindre.

235

CI-CONTRE ET PAGE DE DROITE Vieilles femmes de l'ethnie kalinga.

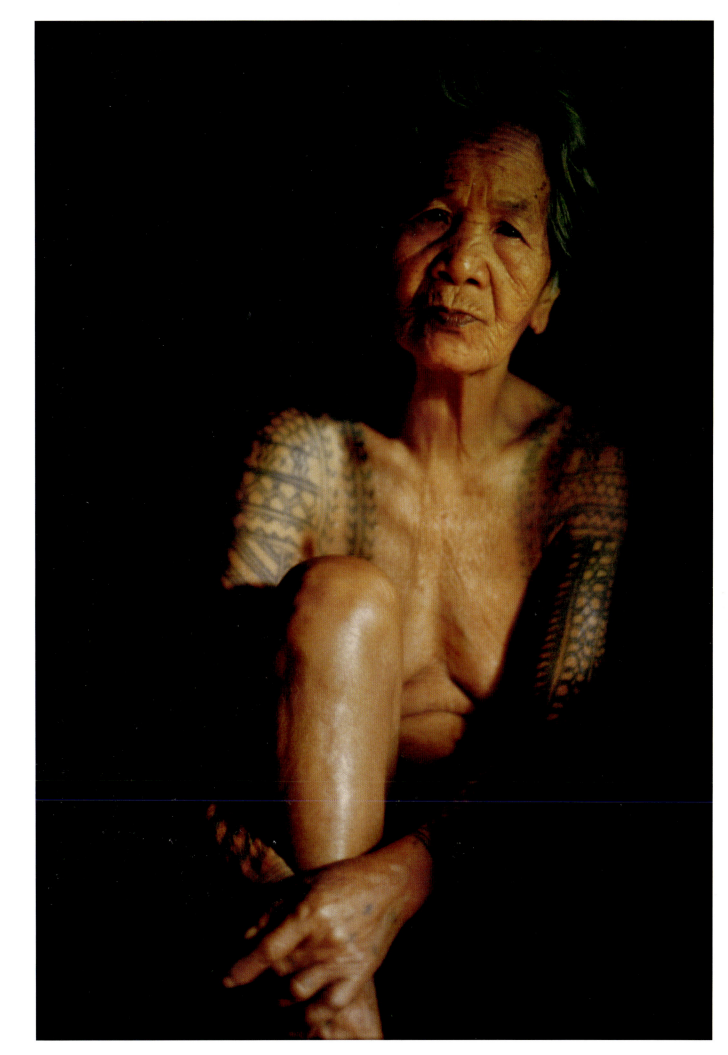

Paysanne de l'ethnie bontoc de retour des champs, dans l'île de Luzon.

Norimitsu Onishi
02.03.2010

# *My Way ou la vie*

**THE NEW YORK TIMES** POUR COURRIER INTERNATIONAL

Sa journée de travail terminée, encore imprégné de l'odeur du talc, Rodolfo Gregorio, un coiffeur âgé de 63 ans, se rend au bar à karaoké de son quartier. Il met de côté son verre de bière et s'empare du micro avec l'assurance de l'habitué. Il entonne *My Prayer*, des Platters, et le silence s'installe dans la salle le temps d'une chanson. Le choix de M. Gregorio n'est pas anodin : après avoir assisté à tant de rixes et d'agressions provoquées par l'interprétation du classique de Frank Sinatra, le très populaire *My Way*, il a préféré retirer la chanson de son répertoire. « *J'aimais bien My Way,* confie-t-il *mais on risque d'y laisser sa peau.* » Les autorités ne savent pas exactement combien de personnes ont été tuées alors qu'elles s'égosillaient sur *My Way*, ni combien de bagarres meurtrières cette chanson a provoquées. Mais les médias dénombrent au moins cinq ou six victimes ces dix dernières années dans la catégorie des « meurtres *My Way* ». Ces décès ont donné lieu à toutes sortes de rumeurs et les Philippins se posent des questions. Ces morts sont-elles la conséquence naturelle de la culture nationale de violence, mâtinée d'alcoolisme et de machisme ? Existe-t-il quelque chose de sinistre inhérent à la chanson elle-même ? Quoi qu'il en soit, nombreux sont les établissements à la retirer de leur catalogue. Les admirateurs de Sinatra pratiquent souvent l'autocensure par instinct de survie. Les Philippins, qui s'enorgueillissent de leur don pour le chant, se montrent peut-être moins tolérants envers les mauvais chanteurs. De fait, la plupart des drames liés à *My Way* surviennent à la fin de la prestation du chanteur, si l'assistance rit ou se moque de lui. « *L'ennui, avec cet air,* commente M. Gregorio, *c'est que tout le monde le connaît et que chacun a son opinion sur la façon de l'interpréter.* » D'aucuns notent cependant que d'autres œuvres tout aussi populaires n'ont provoqué aucune mort et ils montrent du doigt la chanson elle-même.

> « *J'aimais bien* My Way, confie-t-il *mais on risque d'y laisser sa peau.* »

Les paroles, écrites par Paul Anka pour Sinatra, résument la carrière du crooner. Elles parlent d'un dur qui, « *quand le doute lui effleure l'esprit, l'avale et le recrache* », tout simplement. Butch Albarracin, dont l'école de chant, à Manille, Center for Pop, a formé de nombreux artistes célèbres, penche pour ce qu'il appelle « *l'explication existentielle* ». « "Je l'ai fait à ma façon" : c'est d'une arrogance, critique M. Albarracin. *La chanson évoque l'orgueil du chanteur, comme si vous étiez quelqu'un alors qu'en réalité vous n'êtes rien du tout. Elle masque vos échecs. C'est pourquoi elle provoque des batailles rangées.* » Pour ses défenseurs, cette chanson est victime de son succès. Parce qu'elle est plus souvent choisie que toutes les autres, les violences liées au karaoké ont plus de chances de se produire lors de son interprétation. Les vraies raisons des bagarres sont le non-respect des règles de courtoisie quand l'un accapare le micro, que l'autre se moque du chanteur ou sélectionne un air qui a déjà été chanté. « *La société philippine est très violente et le karaoké ne déclenche que ce qui est déjà présent* », analyse Roland Tolentino, spécialiste de la culture populaire à l'Université des Philippines. Mais il reconnaît que le « *triomphalisme* » des paroles peut inciter à la violence. Certains amateurs de karaoké ne prennent pas de risques, même lors des réunions familiales. Dans la famille d'Alisa Escanlar, 33 ans, il n'est pas de fête sans karaoké. Mais *My Way* n'y a pas droit de cité après qu'un de ses oncles, qui écoutait un ami en donner sa version dans un bar, fut devenu fou furieux en entendant rire à la table voisine. L'oncle, policier de son état, a dégainé son revolver, faisant déguerpir les clients moqueurs. « *Aux Philippines, la vie est difficile* », explique M. Auxlero, qui répare les montres dans son échoppe. Il dénonce la corruption du gouvernement et le marasme économique qui pousse à l'exil nombre de Philippins, comme sa femme, employée de maison au Liban. « *Mais vous savez, on dit chez nous : "Ne vous souciez pas de vos problèmes. Laissez vos problèmes se soucier de vous."* »

Village de l'ethnie kalinga, les coupeurs de tête, dans les montagnes de l'île de Luzon.

·SE JUSQU'EN HAUT, ET LA,
JE VERRAI MALINGCONG EN
CONTREBAS, ET JE N'AURAI
QU'A DESENDRE A TRAVERS LES
PINS.
JE MONTE, TOMBE MODÉRÉMENT
SUR DES RIZIÈRES EN CUL DE
SAC, NE ME CASSE PAS LA
GUEULE (LES RIZIÈRES EN
CONTREBAS SONT A PLUSIEURS
MÈTRES)... ET FINIS PAR
ARRIVER TOUT EN HAUT... ET
LA, JE VOIS, DU BROUILLARD!
JE MARCHE UN PEU DANS LES
PINS, PAS ÂME QUI VIVE!
PAS DE CHEMIN. JE VAIS ME
PAUMER! DEMI-TOUR...

la phrase du voyage...

Tatouage d'un coupeur de tête
(seuls les coupeurs de tête out le
droit d'être tatoués)

242

Dans un petit restaurant sur la plage d'Alona.

# INDONÉSIE

→ TAUX D'ALPHABÉTISATION : **91,4 %**
→ ESPÉRANCE DE VIE : **71 ans**
→ NOMBRE D'ÎLES : **17 500**

On suivait une à une les îles de la Sonde, Flores, Sumbawa, on s'était retrouvé sur le bord de la côte, le bateau hebdomadaire pour Komodo, l'île aux dragons préhistoriques, était parti. Nous nous posâmes quelques jours dans ce petit port, demandant aux pêcheurs, par signes et onomatopées : « Vous n'iriez pas à Komodo, par hasard ? » Un jour, un vieil homme nous proposa d'y aller : la pêche avait sans doute été mauvaise. « Demain 6 heures, OK, OK », liasse de billets pour le gasoil, sourires. Demain 6 heures, le bateau est petit, mais la mer est d'huile, et Komodo, ce doit être cette île, là-bas au fond. Ce n'était pas celle-ci, ni la suivante, ni celle d'après. On avait soif, on avait faim, ni nous ni le pêcheur n'avaient rien pris. Ce fut l'après-midi, puis la nuit, *ptou ptou ptou ptou* le bateau avançait tout droit dans le noir. Puis *pt pt p p*, il y eut la panne, traitée en tapant à la pince, drôle de concert percussionniste, une éternité, puis l'orage, puis les vagues. Au petit matin, une autre île était là, nous ne demandions plus si c'était Komodo, le bateau nous débarqua près de la plage, eau à mi-cuisses et sac sur le dos, liasse de billets, OK, OK, sourire fatigué, il repartit directement dans l'autre sens, *ptou ptou ptou ptou* sans prendre un verre d'eau. L'hôtel, c'était par où ? Le guide de voyage disait qu'il y a peu, un touriste suisse avait été dévoré, que l'on n'avait retrouvé que ses lunettes et son appareil photo, mais ne donnait pas de plan de l'île. Nous marchâmes au hasard, trouvâmes l'hôtel assez vite, chambres sur pilotis pour se protéger des monstres ; comme au poker, les inconscients ont parfois une chance insensée.

Le guide de voyage disait qu'il y a peu, un touriste suisse avait été dévoré, que l'on n'avait retrouvé que ses lunettes et son appareil photo.

CI-DESSUS
Le marché de Karangpandan sur l'île de Java.

PAGE DE DROITE EN HAUT
Cérémonie de crémation sur l'île de Bali. Très majoritairement musulmane – elle regroupe la plus grande communauté de musulmans au monde –, l'Indonésie compte 3 % d'hindouistes, principalement à Bali, qui a développé une forme originale de cette religion.
PAGE DE DROITE EN BAS Vente de poissons vivants au marché de Bukittinggi, à Sumatra.

D'île en île : Bali.

Page de droite,
première et deuxième lignes
Sumatra.
Troisième ligne
Sulawesi. Enfants des îles
Togians, écolières, cérémonie
funéraire dans le pays Toraja,
fabrication de pains de sucre
de canne dans les îles Togian,
au centre de Sulawesi.
Quatrième ligne
Cérémonie funéraire
dans un village de Sumba,
avec sacrifices de porcs
et de buffles.
Cinquième ligne
Sumba au quotidien.
Sixième ligne, deux photos
de gauche Lombok ;
deux photos de droite Nias.
Septième ligne
Flores.

Sur l'île de Bali, Jimbaran, paisible village de pêcheurs, en 1991.

**ASIE** La volonté et les dollars d'un Indonésien ont donné du travail aux paysans et recréé un habitat pour les orangs-outans.

19.11.2009

# Une forêt recréée à Bornéo

**COURRIER INTERNATIONAL**

En Indonésie, Willie Smits constatait depuis trente ans que les projets de conservation de la faune et de la flore échouaient, faute de soutien de la part de la communauté locale. Il a trouvé une solution : c'est l'incitation financière des habitants qui représente désormais l'une des pierres angulaires de son projet, Samboja Lestari. « *Je n'ai jamais vu une restauration écologique aussi profondément intégrée à un rétablissement économique. Ce qu'il a fait est unique* », déclare Amory Lovins, expert en développement durable au Rocky Mountain Institute, un think tank basé au Colorado. « *À mon avis, il s'agit là du plus important projet de ce type dans les régions tropicales, et peut-être même dans le monde entier.* » Né aux Pays-Bas, Willie Smits est maintenant citoyen indonésien. En 1991, il a créé la Borneo Orangutan Survival Foundation (Fondation pour la survie de l'orang-outan à Bornéo), afin de sauver les singes orphelins. En 2002, après avoir réalisé que les difficultés affectant les orangs-outans et le reste de la faune dérivaient de la perte de leur habitat, il a acheté 2 000 hectares de terre déboisée dans l'est de Bornéo, près de Balikpapan. Le site était un véritable « *désert biologique* », déclare-t-il. Avec un taux de chômage de 50 %, la région était la plus pauvre de la province. Les villageois qui ont vendu des terrains pour le projet ont reçu en retour une parcelle dans une zone encerclant le site, où ils ont planté les cultures de rente : acacias, palmiers à sucre, gingembre, papayes, cacao et piments. Dans la zone centrale, des équipes de villageois ont été embauchées pour planter, d'une part, des arbres à croissance rapide permettant de déclencher une reforestation accélérée et, d'autre part, des essences propres à la forêt tropicale humide, à croissance plus lente. Avec un total de 1 600 variétés, cette énorme diversité a créé

> Les travaux de construction, la plantation et les opérations de sauvetage et de réhabilitation menées par la Borneo Orangutan Survival Foundation ont créé 3 000 emplois.

une canopée multicouche qui profite à plein de la lumière du soleil et fait croître la biomasse. Grâce à une fondation qu'il dirige ainsi qu'à des contributions plus réduites, Willie Smits a pu injecter 4,5 millions de dollars dans le projet. Ce milieu reboisé a pour le moment attiré 137 espèces d'oiseaux. Il abrite également des orangs-outans ainsi que des ours malais, un animal que l'on trouve dans les forêts tropicales humides d'Asie du Sud-Est. La verdure a fait baisser la température de l'air de 3 à 5 degrés dans les abords immédiats, et les chutes de pluie ont augmenté de 25 %. Juridiquement, Samboja Lestari est un projet non gouvernemental, ce qui signifie qu'il peut contourner la lenteur de la bureaucratie indonésienne et éviter de devoir faire des compromis avec les groupements commerciaux, avides d'exploiter les gisements de charbon de la région, explique Willie Smits. Les travaux de construction, la plantation et les opérations de sauvetage et de réhabilitation menées par la Borneo Orangutan Survival

Foundation ont créé 3 000 emplois. Les méthodes de gestion respectent les traditions locales – l'épouse de Willie Smits est d'ailleurs chef de tribu en Sulawesi du Nord –, ce qui conduit la communauté à faire pression sur ses propres membres et à s'assurer qu'ils n'abattent pas les arbres, tout en coopérant avec la fondation pour maintenir les braconniers et les bûcherons à bonne distance. Willie Smits prévient toutefois qu'il n'existe aucune recette établie pour restaurer une forêt. « *Il est impératif de bâtir un projet détaillé approprié à chaque endroit.* »

Le retour du pêcheur sur l'île de Gili Air, face à Lombok.

MERCREDI 28 AOÛT . SILADEN.
Recette du jour:
Stingray Melanzana
(Beach Heaven terang)

Ingredients : oignons, ail ( 4 gousses et une petite poignée d'oignons)
une petite poignée de poireaux
une petite tomate
trois longues aubergines ( coupées en six)
un chouïa de piment
sel
MSG qui rend fou et donne le cancer à rajouter à la (fin dans la sauce)
huile ( plein pour que les aubergines nagent dedans)
un petit citron

Laver les morceaux d'aubergine. Faire mariner dans du sel et
le citron. Faire frire les aubergines dans l'huile jusqu'à ce qu'
elles brunissent. Mettre de côté.

Mettre un peu d'huile dans le plat chinois. Faire frire les oignons,
puis l'ail, puis les poireaux et la tomate, puis le piment, jusqu'à ce
que ça devienne jaune-brun. Remuer : ça ne doit pas bouillir.
Ajouter un peu d'eau. Faire cuire 1 mn. Napper les aubergines
avec cette préparation.

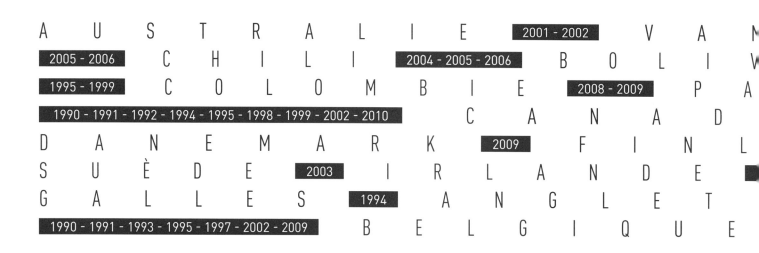

DE SY

À BRU

A U S T R A L I E  2001 - 2002  V A N

2005 - 2006  C H I L I  2004 - 2005 - 2006  B O L I V

1995 - 1999  C O L O M B I E  2008 - 2009  P A

1990 - 1991 - 1992 - 1994 - 1995 - 1998 - 1999 - 2002 - 2010  C A N A D

D A N E M A R K  2009  F I N L

S U È D E  2003  I R L A N D E

G A L L E S  1994  A N G L E T

1990 - 1991 - 1993 - 1995 - 1997 - 2002 - 2009  B E L G I Q U E

DNEY

KELLES

J A T U  2001  A R G E N T I N E   E

E  2005  B R É S I L  1991 - 2004  C U B A S

A M A  2006  É T A T S - U N I S S

 2010  G R O E N L A N D  2009 

N D E  2003  N O R V È G E  2003 

É C O S S E  1993  P A Y S D E

R R E  1990 - 1995 - 1999 - 2002  P A Y S - B A S

0 - 1997 - 2009

**ASIE** Le 26 janvier 2009, à l'occasion de la fête nationale, les autorités de Canberra ont décerné à Mick Dodson le titre d'Australien de l'année 2009.

Nicolas Rothwell
05.03.2009

# AAA (aborigène australien de l'année)

**THE AUSTRALIAN** POUR COURRIER INTERNATIONAL

Un honneur qui a posé quelques problèmes au lauréat. Comme tous les aborigènes, il voit en effet d'un mauvais œil l'Australia Day et toutes les célébrations qui l'accompagnent, dans la mesure où la date de l'événement commémore l'arrivée des colonisateurs. C'est en effet ce jour-là, le 26 janvier [1788], que la « première flotte » [européenne] mouilla l'ancre dans le port de Sydney pour y proclamer la souveraineté britannique. Fallait-il accepter ce titre ? *« La question m'a réellement tourmenté, et j'y ai vraiment réfléchi très sérieusement, a déclaré Mick Dodson. Moi aussi je partage le malaise de mes frères et sœurs indigènes au sujet de cette date. »* Mais ce n'est pas la première fois que ce très médiatique militant des droits aborigènes doit faire face au dilemme. Il a finalement accepté ce titre décerné par le Premier ministre, Kevin Rudd, mais en prenant soin d'évoquer aussitôt l'idée d'un changement de date pour la fête nationale. Sa décision aura certainement troublé la vieille garde des militants autochtones. Car elle soulève bien des questions : pour quelles causes combattre ? Contre qui ? Faut-il éviter de pactiser avec les institutions étatiques ? Doit-on vraiment refuser le soutien du gouvernement fédéral quand il prend des initiatives favorables aux aborigènes ? La vie et le parcours de Dodson illustrent bien la difficulté qu'il y a à répondre à ces interrogations.

Né dans le Territoire du Nord, il est issu du peuple yawuru, qui vit dans la région de Broome. Il a commencé ses études dans les centres urbains de la région, à Katherine, puis à Darwin, avant de les poursuivre dans l'État de Victoria [dans le sud du pays], où il a obtenu un diplôme en droit à l'université Monash de Melbourne. Ce fut le prélude à une carrière effectuée à la pointe du mouvement politique aborigène tout juste naissant. Il commença par travailler au service juridique aborigène de Victoria, avant de devenir avocat. Peu après, il partit pour Darwin afin d'y travailler au sein du Conseil du Northern Land [une

> Né dans le Territoire du Nord, il est issu du peuple yawuru, qui vit dans la région de Broome.

instance chargée d'administrer l'extrême nord du Territoire du Nord, où vivent 200 communautés aborigènes protégées de tout contact avec des visiteurs extérieurs]. À l'époque, il s'agissait d'une organisation énergique et passionnée qui montait constamment à l'assaut. Puis vinrent les années 1980. Le militantisme aborigène entra alors dans une nouvelle phase. Ses champions se firent connaître du grand public. Il s'agissait de Dodson lui-même, en première ligne, accompagné de son frère Patrick, le théoricien de la réconciliation, de l'universitaire Marcia Langton, ainsi que de Peter Yu, le directeur du Conseil du Kimberley Land. Tout comme ses collègues au sein du mouvement, Dodson avait compris que s'ouvrait une nouvelle ère dans le combat pour les droits des aborigènes : le combat décisif allait désormais se livrer dans l'arène judiciaire autour des questions de justice sociale et de réparation des blessures du passé. Dodson a très vite choisi de se vouer entièrement à ce nouveau programme d'action. En 1988, il a apporté son assistance en tant qu'avocat à la commission royale enquêtant sur les décès d'aborigènes en

détention. Les investigations, qui ont duré plus de deux ans, ont révélé les terribles conditions qui régnaient dans les communautés les plus reculées du bush. Il a par la suite été nommé « commissaire à la justice sociale auprès des aborigènes », poste qu'il a occupé de 1993 à 1998. À cette époque, le passé oublié de l'Australie aborigène resurgissait, et l'on déterrait après un long silence les témoignages des « générations volées » [celles des enfants séparés de force de leurs parents et éduqués à l'occidentale dans des pensionnats tenus par des religieux]. C'est également l'époque où s'est concocté le rapport Bringing Them Home [Les ramener chez eux], un document bouleversant sur les enfants aborigènes enlevés à leurs familles. Ce texte essentiel fut publié en avril 1997, au début du mandat de l'ex-Premier ministre conservateur John Howard – dont le gouvernement s'est empressé d'enterrer le rapport et a rejeté toute requête en faveur d'excuses nationales officielles envers les aborigènes.

# AUSTRALIE

→ TAUX D'ALPHABÉTISATION : **100 %**
→ ESPÉRANCE DE VIE : **81 ans**
→ ESPÉRANCE DE VIE DU KOALA : **12 ans**

Trois voyages en Australie. J'ai vu un chien sauvage orange. J'ai vu des oiseaux rouges et des crabes bleus. J'ai vu des iguanes verts. J'ai vu des Australiens roses. J'ai vu des tortues, des baleines et des dugongs. Des dauphins et des requins. Des koalas et des kangourous. J'ai vu des émeus, ces grands oiseaux coureurs concurrents des autruches. Le grand papillon blanc de l'opéra de Sydney. Des corbeaux et des coraux. Des éponges respirer sous la mer. Une longue, longue étoile filante. Des poissons multicolores. Je n'ai pas vu d'aborigènes.

Première ligne
Île de la barrière de corail, paysages de l'outback.
Deuxième ligne
Lac Mackenzie sur l'île Fraser, la plus grande île de sable au monde, classé au patrimoine mondial de l'Unesco, sur la côte du Queensland.

# VANUATU

→ TAUX D'ALPHABÉTISATION : **78,1 %**
→ ESPÉRANCE DE VIE : **71 ans**
→ DATE DE CRÉATION DE LA RELIGION JONFRUM :
  **fin des années 1930**

J'ai longtemps rêvé de Vanuatu, face aux grands mâts sculptés de la grande salle du musée des Arts africains et océaniens de la Porte dorée, à Paris. Doucement suranné, avec ses cartels qui indiquaient Moyen Sepik, Malekula, Tanna, il montrait simplement les choses et laissait la place au désir. J'en ai longtemps rêvé, et un jour, j'y suis allée.

PAGE DE GAUCHE Cérémonie dans un village de l'île de Tanna. CI-DESSUS Île d'Uripiv.

J'en ai longtemps rêvé,
et un jour, j'y suis allée.

EN HAUT
Enfants de Tanna, ethnie
small nambas
sur l'île de Malekula

EN BAS
Le sable noir de l'île
volcanique de Tanna.

PAGE DE DROITE Île de Tanna.

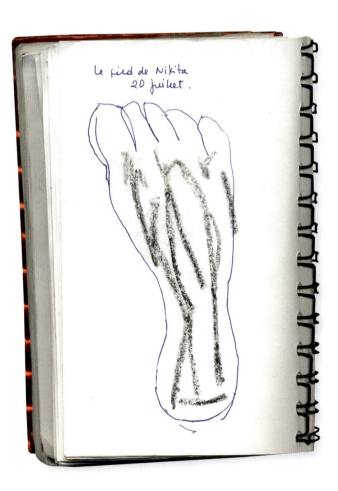

**C'est au-delà du goût.** Il y a les odeurs, les couleurs, le bruit même des ingrédients que l'on fait frire dans le *wok*, ou qui glougloutent dans la marmite. Il y a les gestes, manger avec les doigts, avec les baguettes, faire calebasse commune. Je n'y connais rien en vins, je n'aime pas manger à table, mais je reste une femme française : le plaisir de manger justifie à lui seul le voyage. Manger les yeux fermés et découvrir les saveurs de la Thaïlande, du Vietnam, du Maroc, goûter à l'incertitude (succulent ? écœurant ?), en Inde ou en Chine. Manger dans la rue, dans des restaurants miteux ou jolis, manger chez des gens.

L'un de mes plus beaux repas, au Pakistan, fut une moitié d'œuf dur. Nous avions pris une jeep publique, dans ces zones de haute montagne où les pistes sont si virtuelles qu'il ne peut y avoir de bus, et où les chauffeurs ne regardent pas la route, pourtant bordée d'un précipice, mais au-dessus, vers le ciel, non pour s'assurer la protection d'Allah mais pour freiner ou accélérer en fonction des chutes de pierres. Toute la journée nous avions roulé, à une moyenne de 5 km/heure ; la nuit nous surprit près d'un village où la jeep s'arrêta. Pas d'hôtel,

pas de restaurant. Immédiatement, une famille s'offrit de nous loger et de nous nourrir. Ils servirent à tous le traditionnel *dal*, ce plat entre la soupe et la purée de lentilles que l'on mange dans les Himalayas, de l'Inde au Népal, accompagné de galettes rondes, les *chappattis*, chacun sa part. Puis l'œuf, l'unique œuf, soigneusement partagé entre mon ami et moi. Et l'éclat intense de bonheur dans leurs yeux lorsqu'ils nous l'ont offert.

Je n'y connais rien en vins, je n'aime pas manger à table, mais je reste une femme française.

# ARGENTINE

→ TAUX D'ALPHABÉTISATION : **97,6 %**
→ ESPÉRANCE DE VIE : **75 ans**
→ NOMBRE DE BOUTONS
  DU BANDONÉON : **72**

# CHILI

→ TAUX D'ALPHABÉTISATION : **95,7 %**
→ ESPÉRANCE DE VIE : **78 ans**
→ POINT CULMINANT : **6 893 m**

Bonne élève routarde, j'ai lu *L'Usage du monde* de Nicolas Bouvier, *Sur la route* de Jack Kerouac et *En Patagonie* de Bruce Chatwin. Alors je suis allée et retournée en Inde encore et encore, j'ai roulé dans de grandes voitures sur les routes américaines qui ne menaient à rien, et je voulais aller en Patagonie. Certains voyages ne sont pas à la hauteur du fantasme. Il y a bien pourtant ces villages du bout du monde avec des croisements de routes qui ne mènent nulle part, maisons de tôle pastel dans des bleds de cinéma étendus et vides. Il y a bien ces paysages qui arrivent à être époustouflants et mornes et monotones en même temps, steppe jaunasse, rouge, noire. Et de temps en temps une montagne incroyable qui tombe à pic.
Dans les bus, je faisais défiler les paysages en battant des paupières pour leur donner l'aspect d'un film ancien, avec les images qui sautent un peu

Bruxelles pour bosser, Dax pour tout le reste. Alors, j'ouvrais et fermais les yeux et regardais mon film muet ; on passait la frontière, on arrivait à Paris où l'on entrevoyait la tour Eiffel depuis le périphérique qu'il fallait impérativement franchir avant les bouchons de la sortie des bureaux, puis les immeubles de Tours au loin, Poitiers et Angoulême on les traversait et elles étaient plutôt douces et mortes comme des archétypes de ville de province. La nuit était tombée et les lumières faisaient joli dans mon film derrière mes paupières, alors je m'endormais et l'on me réveillait quand on était arrivé à Dax. On y restait jusqu'à la veille de la rentrée scolaire : quinze jours, deux mois pour les grandes vacances. Puis on reprenait la voiture dans l'autre sens. Et je clignais des paupières sur la route. *En Patagonie*, ça marche aussi le coup des paupières, ça m'a fait un beau film auquel je suis

(mais en couleur, je n'ai pas la capacité de poétiser le monde en le passant en noir et blanc).
Je jouais à ça quand j'étais enfant dans la voiture qui invariablement, pour toutes les vacances scolaires, nous emmenait de Bruxelles à Dax, comme si le monde n'existait que par ces deux pôles,

restée extérieure. Sinon, les yeux grands ouverts, il y a le tango toute la nuit dans les *milongas* de Buenos Aires, ces lieux magiques où de vrais danseurs exhalent leur sensualité et leur jeu de séduction infini. Là, c'est encore mieux que dans les rêves.

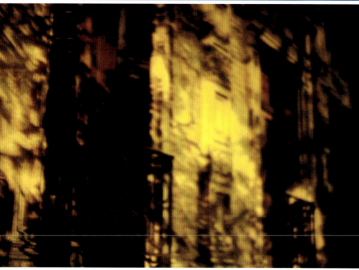

Page de gauche, de gauche à droite
La Transamazonienne vers
le Fitz Roy, voiture comme
au cinéma à Buenos Aires.

Ci-dessus La ville de Puerto
Natales dans le sud du Chili,
vers minuit le soir de Noël,
au début de l'été, presque
le plus long jour de l'année.

# BOLIVIE

→ TAUX D'ALPHABÉTISATION : **86,7 %**
→ ESPÉRANCE DE VIE : **65 ans**
→ SEL DU SALAR D'UYUNI : **10 milliards de tonnes**

Jour de marché dans le village andin de Tarabuco.

La Bolivie ne touche pas la mer.
On dit de certains déserts que ce sont des mers de sable, mais il n'y a pas de dunes en Bolivie. Pas de mer d'eau, pas de mer de sable, mais du sel. Comme dans la mer. Un désert de sel à l'infini. Et comme dans la mer au cœur du désert il y a une île ; elle s'appelle île des pêcheurs, mais quels poissons y trouve-t-on ?

**AMÉRIQUES** Dans les pays andins, en particulier en Bolivie, la coca est une plante sacrée. Son éradication est perçue comme un génocide culturel.

Nick Thorpe
06.06.2002

# Coca, la plante de tout un peuple

*THE GUARDIAN* POUR COURRIER INTERNATIONAL

Les peuples andins utilisaient les feuilles de coca à des fins religieuses et médicales des milliers d'années avant que les hommes blancs n'apprennent à en extraire la cocaïne. Riches en vitamines et en minéraux, elles servaient traditionnellement à guérir des maux comme la dysenterie et le mal des montagnes. La grande majorité des Boliviens continuent à en mâcher quotidiennement pour prévenir la sensation de faim car, mélangées à de la cendre, elles ont un effet anesthésiant sur l'estomac. Dans les pays andins, tout décès, mariage ou autre rituel social ou religieux comprend une offrande de coca. « Garde ses feuilles avec amour », ordonne la *Légende de la coca*, un poème oral vieux de huit cents ans. « *Et quand tu sens la peine dans ton cœur, la faim dans ta chair et les ténèbres dans ton esprit, porte-les à ta bouche. Tu trouveras amour pour ta peine, nourriture pour ton corps et lumière pour ton esprit.* » Mais les prophètes prédisaient également que l'homme blanc trouverait le moyen de corrompre leur « *plante petite mais forte* » : « *Si ton oppresseur arrive du nord, le conquérant blanc, le chercheur d'or, dès qu'il la touchera, il ne trouvera que poison pour son corps et folie pour son esprit.* » Ce qu'ils n'avaient pas prévu, c'est que le retour de bâton serait aussi grave. L'homme blanc a réussi à extraire les 0,5 % de cocaïne, l'alcaloïde que contient la coca, à la fin du XIXᵉ siècle. Les premières tentatives d'éradication remontent à 1949, après qu'une étude réalisée par Howard Fonda, un banquier nord-américain, eut affirmé que la mastication de cette plante était « *responsable de la déficience mentale et de la pauvreté qui régnaient dans les pays andins.* » Peu après, en 1961, les Nations unies inscrivaient la coca au tableau n°1 des stupéfiants, en en faisant ainsi une des substances les plus dangereuses, à interdire absolument. Ce qui n'eut bien entendu aucun effet sur la consommation des États-Unis - où les cadres sniffaient des lignes de cocaïne tandis que les ghettos optaient pour son parent pauvre et bien plus dangereux, le crack. Dans les années 80, la superpuissance consommait plus de la moitié de la cocaïne produite dans le monde alors que ses habitants ne représentent que 5 % de la population mondiale. La Bolivie, l'un des pays les plus pauvres de la planète, vit un créneau à prendre et s'y précipita. Elle devait devenir le deuxième producteur de pâte de cocaïne

du monde. La coca, une plante rustique idéale pour les sols fatigués ou érodés, peut donner trois ou quatre récoltes par an. Désormais obligé de cultiver des haricots et des oranges dans le cadre du plan de développement alternatif financé par les États-Unis, Zenon Cruz, un ancien planteur de coca du Chapare, doit nourrir sa famille avec un revenu inférieur à celui qu'il avait auparavant. Certains continuent à prendre tous les risques pour jouir d'un revenu plus élevé. Avec la loi 1008, un texte impitoyable inspiré par la législation des États-Unis, ils risquent de cinq à huit ans de prison. Il ne fait pas de doute que le filet se resserre mais cela pourrait simplement avoir pour effet de faire monter les prix et d'encourager le développement de nouveaux marchés ailleurs. Selon la police antidrogue, les trois tonnes de cocaïne base qui ont quitté le Chapare en 2000 suffisent à générer quelque 4 millions de dollars, parce que les tarifs ont augmenté de 300 % au cours des dernières années. Pour ses détracteurs, la politique d'éradication aura pour seul effet de repousser les producteurs plus au cœur de la région amazonienne. Si on élargit le tableau, la situation est effectivement décourageante. Alors que la Bolivie est passée du deuxième au troisième rang des exportateurs mondiaux de cocaïne derrière la Colombie et le Pérou, les quantités exportées vers les États-Unis et l'Europe n'ont pratiquement pas baissé, selon le rapport annuel de l'Organisme international de contrôle des stupéfiants (OICS). L'explication, c'est que la production a augmenté au Brésil et en Colombie, où le gouvernement n'a pratiquement aucun contrôle sur les territoires situés dans les zones tropicales. « *C'est l'illustration parfaite de la théorie du ballon* », explique Kathryn Ledebur, d'Andean Information Network, une

organisation de défense des droits. « *Si on exerce une pression à un endroit, ça gonfle ailleurs – à moins de s'attaquer à la demande. Mais, au lieu de faire ça, on a une guerre qui se concentre sur les pauvres et ça ne marche pas.* » Sur un pan de colline en terrasses des vallées fertiles des Yungas, de l'autre côté du pays, un petit garçon vêtu du poncho et du bonnet de laine traditionnels s'agenouille pour faire son offrande à Pachamama, la Terre-Mère. Tandis qu'il défait un foulard plein de feuilles de coca, allume de l'encens et répand de l'alcool sur le sol, d'autres enfants s'approchent et chantent en quechua. C'est à la fois une cérémonie et une manifestation préventive. Les familles de cette région, qui reste le dernier endroit où la culture de la coca est autorisée en Bolivie, savent que les choses pourraient très bien tourner ici comme dans le Chapare. La loi 1008 octroie actuellement 12 000 hectares à la culture et à la distribution de la coca dans les Yungas, mais les États-Unis avancent qu'il suffit de la moitié pour couvrir les besoins traditionnels. « *Nous avons la preuve que la coca des Yungas est détournée sur le marché illégal pour être convertie en produits à base de cocaïne* », affirmait en 2000 le rapport de l'ambassade américaine. Les gens du coin pensent que, s'ils cèdent maintenant, les Nord-Américains en exigeront toujours plus jusqu'à ce qu'il ne reste rien. L'éradication était censée commencer en 2000, mais le pays a explosé en violentes manifestations. Les planteurs de coca ont dynamité l'unique route qui mène à la région et les éradicateurs ont fait marche arrière. On est donc dans une impasse mais personne ne se fait d'illusions, ils reviendront.

La bière est la boisson nationale ici, et chaque ville a sa bière : Paceña à La Paz, Ducal à Santa Cruz, Taquiña à Cochabamba, Potosína à Potosí, Astra à Tarija, Sureña à Sucre, Huari à Oruro.

« Soyez réalistes : demandez l'impossible »
*Ernesto « Che » Guevara.*

Je suis allée en Bolivie il y
a des années et, depuis des
années, mon carnet sent l'ail,
distribuant tour à tour ses
effluves tenaces dans mon sac
à dos, mes vêtements et mon
appartement parisien. Dans la
forêt amazonienne, Inocencio,
notre guide métis indigène,
me donnait des bouts de plante
que je collais dans le carnet :
l'herbe pour faire tomber
amoureux, la feuille pour
cicatriser... et l'écorce de l'arbre
à ail, anti-vampire réputé mais
arme totalement inefficace
contre les moustiques qui, dès
le crépuscule, suçaient mon
sang comme si de rien n'était.

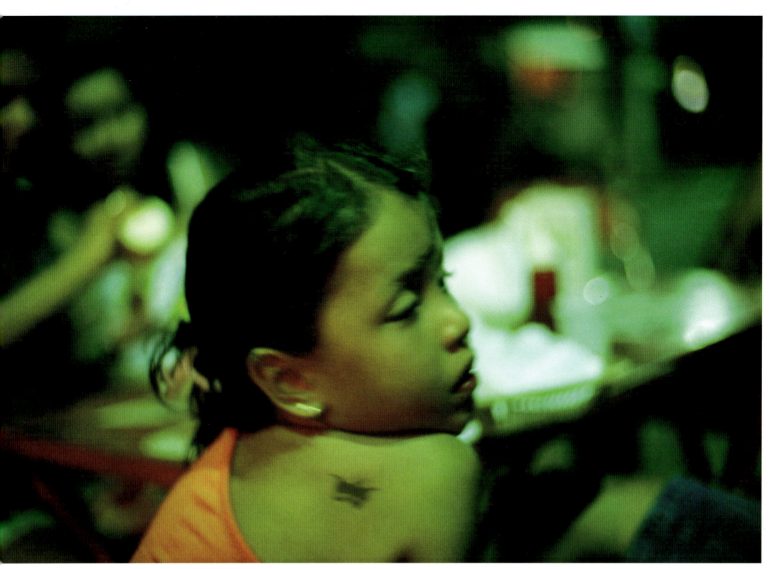

Petite fille déjà femme à Alter de Chao.

# BRÉSIL

→ TAUX D'ALPHABÉTISATION : **88,6%**

→ ESPÉRANCE DE VIE : **73 ans**

→ SURFACE DE L'AMAZONIE : **7 milliards de km²**

Dans la forêt d'Amazonie, Calisto le Caboclo raconte que son grand-père indigène, pour avoir droit à sa grand-mère, a dû, sans broncher, mettre son bras pendant trois quarts d'heure dans un nid de fourmis rouges géantes – dont une seule piqûre a fait si mal à ma fille. À Manaus, on raconte que du temps de la splendeur de la ville, les barons du caoutchouc faisaient laver leur linge fin à l'eau d'Europe, de peur que l'eau brunâtre du rio Negro ne le rende pas assez blanc. À Rio, on dit que Brasilia est une ville froide et inhumaine. Mais Oscar Niemeyer dessine des bâtiments ronds comme les femmes brésiliennes, et je crois que pour carnaval, ils dansent la nuit venue.

**BRÉSIL** À Rio, les autorités locales sont parvenues à ramener la paix dans cinq quartiers défavorisés. Une expérience concluante qui demande à être étendue à l'ensemble des zones contrôlées par les gangs.

Nelito Fernandes

10.09.2009

# Des favelas plus tout à fait comme les autres

## *EPOCA* POUR COURRIER INTERNATIONAL

Dans la favela Dona Marta, à Botafogo, au sud de Rio de Janeiro, Igor Nascimento Lourenço, 12 ans, jauge le vent et prépare son cerf-volant. Un geste habituel dans tous les quartiers de la ville. Mais ici, cela a une tout autre signification. Dans les favelas de Rio, les trafiquants ont toujours obligé les gamins à déployer leurs cerfs-volants pour signaler l'arrivée de la police. Dona Marta est l'une des cinq favelas de la ville d'où la police a chassé les criminels, il y a un an. Désormais, Igor sait qu'il ne court pas le risque d'être confondu avec un guetteur. Pour entrer dans une favela dominée par le trafic, il faut, au préalable, téléphoner à l'association des habitants. Comme l'État de Rio prétend que celle de Dona Marta a été libérée, j'ai décidé de m'y rendre sans prévenir personne. Avant de gravir la favela, je suis passé par le poste de police. Un policier souriant, tapant sur son ordinateur portable, m'a accueilli d'un « *Vous pouvez y aller, c'est tranquille.* » Un policier sympathique ? Avec un portable ? J'ai pris un funiculaire – inauguré en mai 2008 – qui m'a amené presque au sommet car la dernière station est hors service. Les deux mille personnes qui l'empruntent gratuitement chaque jour ont vu des touristes se joindre à eux pour voir la favela de près, profitant du climat de paix. Dans les ruelles bondées, les radios déversent leur musique, l'odeur unique des égouts flotte dans l'air. Sur les toits, pas de bandit à l'horizon. Malgré cette évolution positive, la méfiance est toujours de mise. Presque personne n'accepte de parler. On craint que la police s'en aille et qu'il faille alors rendre des comptes. Dona Marta a été la première favela de Rio à disposer d'une Unité de police pacificatrice (UPP) qui a succédé au Batalhão de operações especiais, le redouté BOPE [unité d'élite de la police militaire de l'État de Rio] dont la mission était de pourchasser les trafiquants. Les membres de l'UPP restent en permanence dans la favela. Ils sont jeunes pour la plupart et ont une formation de « surveillance communautaire ». Ils ne sont pas là pour se battre. Le capitaine Hugo Coque, présent dans la favela de Babilônia/Chapéu Mangueira [au sud-est de la ville], est l'un d'eux. À 23 ans, il a étudié à São Paulo, suivi un enseignement en droit, puis la formation des officiers de la police militaire (PM). Le commandant Felipe Lopes, 27 ans, est là aussi. Pendant qu'il discute avec moi, il est défié par Gabriel Souza, 10 ans. « *Tu vas prendre une raclée, tu vas voir* », lui lance le petit. Dona Percília da Silva, présidente de l'association des habitants de Chapéu Mangueira, âgée de 70 ans, aperçoit le commandant et vient pour discuter. Felipe Lopes sort un carnet et prend des notes sur ce qu'elle dit. C'est difficile à croire. Si je n'étais pas arrivé par surprise, je croirais au coup monté. Auparavant, les trafiquants empêchaient les habitants de parler avec la police. Dans la favela du Batam, à Realengo, à l'ouest de la ville, c'était la milice – et non les trafiquants – qui imposait sa loi de la terreur. En mai 2008, des membres de l'équipe du journal *O Dia* y avaient été torturés par des miliciens. La milice avait aussi ses tarifs : les « grands » commerçants par exemple payaient 150 reais [56 euros] par semaine ; les autres, 100. Les miliciens contrôlaient la distribution du gaz, ils avaient également la mainmise sur la télévision par câble clandestin. La police a arrêté une partie d'entre eux et les autres se sont enfuis. Aujourd'hui, les véhicules des entreprises de gaz circulent librement et la télévision par câble est arrivée officiellement. Il est incontestable que les favelas où la police est présente sont plus tranquilles. Mais cette présence n'a pas entraîné de baisse significative de la délinquance. À Dona Marta, le vol à l'étalage a même augmenté de 50 %. Cependant, d'autres délits, comme le vol de voitures, ont chuté dans les mêmes proportions. « *C'est un travail de longue haleine. La délinquance ne va pas disparaître parce que les criminels sont partis ailleurs. La favela ne va pas devenir un havre de paix simplement parce que la police y est arrivée* », rappelle José Mariano Beltrame, secrétaire d'État à la Sécurité. « *Nous aurons bientôt des enfants nés à Dona Marta qui n'auront jamais entendu un tir de carabine. À partir de ce moment-là, la criminalité chutera* », ajoute-t-il. Personne ne sait si cette méthode va se pérenniser et s'il est possible de l'appliquer dans les quelque mille autres favelas de l'État. Personne ne sait si un nouveau gouvernement poursuivrait ce programme ou s'il ne s'agit pas en définitive d'une carte postale électorale. Mais ce qui est sûr, c'est que la présence policière commence à donner des résultats inimaginables. Il y a quelques jours, des habitants du Chapéu Mangueira ont organisé une manifestation. Ils réclamaient un réseau d'égouts, l'électricité et des structures de loisirs. Une manière de se considérer comme des citoyens ordinaires.

Manaos

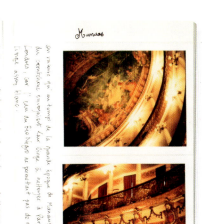

À Manaus, du temps de la grande époque du caoutchouc, les fortunes du théâtre des amazoniens était "pari" que le pianiste emmenait d'un banquet de caoutchouc, pour que l'on n'entende pas le bruit des pleurs des chanteurs du caoutchouc, car l'eau du río Negro ne permettait pas de renouer un linge assez blanc.

On raconte qu'au temps de la grande époque de Manaus, les fameux théâtre des amazoniens...

le théâtre...

Isadora Duncan
Anna Pavlova - Sarah Bernhardt

Je dormais dans un hamac

Je buvais l'eau d'une liane.

Je me suis maquillée en indienne
*

Les iguarapés sont inondés en hiver.

Belém

Lorsqu'on arrive tout doucement par le bateau qui remonte le fleuve Amazonie puis río Negro, dix jours tranquilles entre Belém et Manaus, on les voit, les blessures de la forêt, la terre pleure et ça fait mal.

Et puis on décide d'aller marcher, un peu longtemps, pour la retrouver, la forêt, ramer dans la forêt dans l'eau – c'est période de hautes eaux –, croire qu'on ne marchera pas, que la rivière n'en finit pas, mais

non, la terre finit par se montrer, progresser à la machette, et puis camper, croire entendre le jaguar et voir à coup sûr les mygales, rêver pour quelques jours d'un monde sans les dégâts des hommes.

le guide a fabriqué une table
et des gouvernes.
il y avait des mygals.

On a dormi dans la forêt vierge

macaque

agouti

271

# CUBA

→ TAUX D'ALPHABÉTISATION : **99,8 %**
→ ESPÉRANCE DE VIE : **78 ans**
→ INVENTION DU CHA-CHA-CHA : **1954**

Ci-dessous, de gauche à droite
PREMIÈRE LIGNE
Portrait du Che sur un mur,
dans la ville de Trinidad,
scène de vie sous les
arcades au centre de La
Havane, photo des années
1940 dans une maison
traditionnelle de Camagüey.

Deuxième ligne Les belles
américaines de Cuba.
Troisième ligne La Havane.
Quatrième ligne Musée des
Sciences naturelles
de Pinard el Rio, le
Malecón, mur peint
sur un hôpital de La
Havane.

Sur le Malecón à la Havane.

Cuba réserve aux flâneurs de divines surprises. Je traînais dans les rues de La Havane – Habana Vieja, la vieille ville – lorsque j'entendis de la musique *live*, rien que de très normal à Cuba où chaque bâtisse semble abriter un guitariste génial, de vieux danseurs virtuoses, une voix à frémir. Je ne sais pourquoi j'eus envie de voir ces musiciens-là.

À l'oreille, je suivis le dédale des ruelles, me collai à une fenêtre grillagée, tordis le cou pour voir. Je fus vite démasquée : je bouchais la seule source de lumière – coupure d'électricité. Je fus invitée à entrer, à partager le rhum. Et elle, elle dansait sous l'œil du Che.

Sous l'œil du Che.

La princesse de Tolu.

# COLOMBIE

→ TAUX D'ALPHABÉTISATION : **92,9 %**

→ ESPÉRANCE DE VIE : **72 ans**

→ ESTIMATION DE LA PRODUCTION
DE COKE : **600 tonnes**

Guérilla, drogue, prostitution. Ici on croit qu'on a tout dit de là-bas lorsqu'on prononce ces trois mots. Et cela existe. Il y a de la peur, la nuit, dans les rues des villes, de Bogota à Santa Marta. Pourtant, la Colombie a un nom d'oiseau doux, ou de Colombine et Arlequin. Cela existe aussi, comme un monde flottant, entre deux temps, un rêve qui pourrait s'effacer, un décor de théâtre que l'on démonte la fin du spectacle venue.

La princesse de Carthagène.

CI-DESSUS À GAUCHE, DE HAUT EN BAS La vieille ville de Carthagène
des Indes, classée au patrimoine mondial de l'Unesco,
pièce précolombienne du Museo de oro à Bogota, vendeur
de ballons à Bogota, Carthagène.

CI-DESSUS Constanza Carmelo, comédienne de Bogota.
La Colombie, qui produit surtout des *telenovelas*, commence
à exporter un cinéma d'auteur reconnu, comme en 2004
le film *Maria, pleine de grâce* de Joshua Marston.

276

La vieille ville de Santa Marta.

Défilés des fêtes de l'Avent dans le village de Monguí, dans les montagnes du Boyacá. Il y a une autre fête où les Colombiens se griment : le carnaval des blancs et noirs (*carnaval de blancos y negros*), qui commémore une révolte d'esclaves à la suite de laquelle ceux-ci avaient obtenu d'être libres et de se grimer en blanc... un jour par an, le 5 janvier.

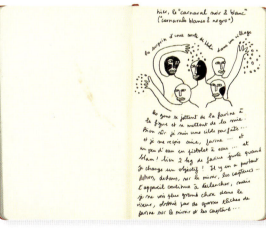

# Une nouvelle vie pour les enfants-soldats

**EL TIEMPO POUR COURRIER INTERNATIONAL**

23.11.2009

Aucune institution de Colombie ne dispose de renseignements précis sur le nombre de mineurs impliqués dans le conflit armé. Le chiffre le plus récent date de 2005 : l'organisation Human Rights Watch estimait alors qu'ils pourraient être 11 000 dans cette situation. Aujourd'hui, l'ancien sénateur Jimmy Chamorro, qui vient de terminer une marche à travers tout le pays pour protester contre le recrutement de mineurs par les groupes armés illégaux, estime que 17 000 enfants pourraient être concernés. Faute de voir appliquée une loi colombienne censée punir l'enrôlement de mineurs dans les groupes armés, les poursuites peuvent, depuis le 2 novembre 2009, être exercées par la Cour pénale internationale de La Haye, aux Pays-Bas.

Elle avait 16 ans, lui 17. Elle faisait partie des FARC [Forces armées révolutionnaires de Colombie, principal groupe rebelle], lui de l'ELN [Armée de libération nationale] et d'un groupe paramilitaire. Elle venait d'avoir 15 ans quand elle a pris le maquis. Elle étudiait au collège et aidait ses parents aux champs. C'est pour retrouver sa sœur aînée, devenue guérillera, qu'elle s'est enrôlée dans la guérilla, voulant la convaincre de fuir avec elle pour rejoindre Bogotá et commencer une nouvelle vie. On lui avait promis qu'elle rejoindrait le front où était sa sœur mais il en a été autrement et elle a intégré une autre escouade. Dans la clandestinité, la jeune fille n'a pas davantage reçu le salaire annoncé, pas plus qu'elle n'a pu poursuivre le lycée comme on le lui avait promis. Elle a appris à armer un fusil et à s'en servir. Elle a dû participer à différents affrontements et a vu ses compagnons tomber sous les balles de l'armée colombienne. Voir mourir ses amis a été le plus douloureux de tout. Une nuit, alors qu'elle faisait le guet, elle a décidé de s'enfuir. Elle a marché deux heures, traversé deux rivières en crue, esquivé les balles de ses poursuivants, qui s'étaient rendu compte qu'elle avait déserté, jusqu'à ce qu'elle tombe sur un groupe de soldats réguliers

> Elle avait 16 ans, lui 17. Elle faisait partie des FARC, lui de l'ELN et d'un groupe paramilitaire.

auxquels elle s'est rendue. Elle a ensuite intégré le programme de protection de l'ICBF, où elle a rencontré celui qui est aujourd'hui son compagnon et le père de sa petite fille de 3 ans. Lui, c'est l'attrait des armes et des motos qui l'a convaincu de rejoindre les rangs de l'ELN.

Il avait 14 ans. Il a passé un an dans divers villages et s'apprêtait à rejoindre un camp d'entraînement lorsque son frère aîné, un commandant de la guérilla dans la région, a été tué, abattu par l'ELN elle-même au cours d'un règlement de comptes. Le jeune garçon a alors voulu se venger et intégré un groupe paramilitaire ennemi de la guérilla. Un an plus tard, il a dû déserter : ses supérieurs venaient de comprendre qu'il leur avait caché son passé de guérillero. Aujourd'hui, les deux jeunes gens sont en terminale au lycée et suivent des cours auprès d'un organisme public de formation professionnelle, le SENA, tout en s'efforçant d'oublier le passé. Lui travaille comme opérateur industriel, elle comme secrétaire. Ils vivent avec leur fillette dans un quartier populaire de Bogotá, dans une maison qu'ils ont pu acheter grâce aux aides de l'État. « *Prendre un nouveau départ avec tant de douleur dans le cœur, c'est difficile. Mais c'est*

*possible* », assure la jeune femme, qui regrette que certains de ses compagnons, dans la même situation, aient quitté les programmes de l'ICBF pour repartir à la guerre – et trouver la mort. Finalement, sa sœur a elle aussi quitté la guérilla. Les deux jeunes femmes dénoncent le manque de sensibilisation, à l'école et surtout dans les zones rurales, aux dangers de l'enrôlement. « *Il faut aider les jeunes à ne pas se laisser séduire par les promesses fallacieuses des groupes criminels* », plaident-elles.

Le lutin de Villa de Lleyva.

La cathédrale de sel souterraine de Zipaquirà.

Le port fluvial de Mompox, sur le Rio Magdalena, au petit matin. « Mompox no existe. A veces soñamos con ella, pero no existe »
(Gabriel Garcia Marquez). « Mompox n'existe pas. Parfois nous rêvons avec elle, mais elle n'existe pas. »

Cabo de la Vela, péninsule de la Guajira, sur la mer des Caraïbes.

# PANAMÁ

→ TAUX D'ALPHABÉTISATION : **93,4 %**
→ ESPÉRANCE DE VIE : **75 ans**
→ NOMBRE DE KUNAS : **20 000**

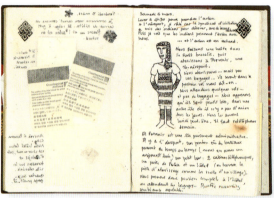

PAGE DE DROITE
Femme kuna.

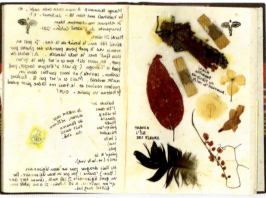

C'est une si jolie surprise, ce pays. C'est rare, les pays dont nous ne sommes pas abreuvés d'images et de mots, vrais ou faux, ou vrais mais si partiels qu'ils en sont faux. Du Panamá, je ne savais rien qu'un peu du canal.

Quelques mois auparavant, quelques milliers de kilomètres plus au sud, en Argentine, j'avais croisé un couple qui bougeait lentement dans l'autre sens, en bateau. Il m'avait parlé des paysages de l'archipel kuna avec une voix qui pétillait. Alors voilà, j'eus envie de voir. J'ai vu les paysages de l'archipel, et ceux des îles Bastimientos de l'autre côté, et les forêts vierges aux portes des villes avec des paresseux qui se balancent lentement, les plaines à gauchos et les montagnes douces. J'ai surtout vu tous ces hommes, indigènes kuna, embera, naso, et les blancs, les blacks, les métis, qui vivent en mosaïque au centre de l'Amérique.

Boutique *vintage* à Manhattan.

# ÉTATS-UNIS

→ TAUX D'ALPHABÉTISATION : **99,7 %**
→ ESPÉRANCE DE VIE : **77 ans**
→ EFFECTIFS DE L'ARMÉE : **1,312 million**

Où va-t-on jouer aujourd'hui ? Dans un western à Monument Valley ? Dans un Woody Allen à Manhattan, ou juste à côté, à Brooklyn avec Paul Auster ? Faire les flics, ou les mannequins, à Miami ? *Into the wild* en Alaska (on changerait la fin) ? *Dans la brume électrique* des bayous de Louisiane ? Casser la caisse à Las Vegas ? J'ai souvent voyagé aux États-Unis, chaque voyage est différent, ville folle, chaleur du désert, cow-boys et rodéo, tous ont un point commun, celui de m'inscrire dans un écran 3D, tellement d'images nous habitent que lorsqu'on s'y promène, on a la délicieuse sensation d'évoluer *en vrai* dans un film mythique.

Manhattan en hiver.

Ci-dessus première ligne
Région des Grands Lacs,
motel dans le Sud.
Deuxième ligne
Le quartier de Soho ,
à Manhattan, Ontario.
Troisième ligne
Parc de Yellowstone,
ville de New York.

Page de droite
Région des Grands Lacs.

Parc national Jacques Cartier.

# CANADA

Parc national
des Grands Jardins.

On voulait rejoindre la rive en face, il y avait une abbaye à visiter, et les moines faisaient du fromage. Le guide disait qu'il y avait un bac entre les deux rives. Le guide avait été écrit en été. Sur la rive, un monsieur partit d'un grand éclat de rire : «Un bac ? Mais faut rouler sur la glace, mes gars ! » Alors, on est descendu sur le lac, avec la voiture. On n'en menait pas large, dans les dessins animés soudain la glace craque, et puis le réchauffement clima-tique… On prit confiance, on osa même s'arrêter lorsqu'on vit quelques familles occupées à pêcher. La *pêche blanche*, on appelle ça ici, au Québec, et *ice fishing* dans le camp adverse. On fait un trou dans la glace, on met sa ligne et on attend le pois-son (tout compte fait, c'est comme la pêche de chez nous, sauf qu'il fait - 15 °C, et que l'on doit tapoter le trou de temps en temps, pour éviter qu'il ne regèle).

PAGE DE GAUCHE
Le Canada atypique des villes la nuit. Deuxième pays du monde par sa superficie, avec ses 34 millions d'habitants le Canada est l'un des dix pays les moins densément peuplés de la planète : 3,5 habitants au kilomètre carré, concentrés à 80 % dans des villes de plus de 10 000 habitants, et également à 80 % dans un corridor de 160 kilomètres le long de la frontière américaine.

CI-CONTRE
Ville de Québec, murs taggés à Montréal, café *fifties* à Montréal.

PAGE 295
DE GAUCHE À DROITE PREMIÈRE LIGNE
Owa, parc national des Grands Jardins, pêche blanche sur le Saint-Laurent, lac Ontario.
DEUXIÈME LIGNE
Chutes du Niagara.
TROISIÈME LIGNE
Ottawa, lac Ontario, parc national des Grands Jardins, lac Ontario.
QUATRIÈME LIGNE
Pêche blanche sur le lac des Deux Montagnes, parc national de la Mauricie, parc national de la Saguenay, chute gelée près du lac Saint-Jean.
CINQUIÈME LIGNE
Parc national du mont Tremblant, chutes du Niagara, tour de Niagara Falls, parc national de la Mauricie.

Jasmine Rezaee
11.02.2010

# Le béton ennemi des Indiens

**THIS MAGAZINE POUR COURRIER INTERNATIONAL**

This Magazine, bimestriel de Toronto, a passé le comité organisateur des JO au grill dans son édition de janvier-février. Et il propose à ses lecteurs « *non pas 7 mais 9,2 milliards de raisons de brûler de colère à propos des Jeux olympiques* ». Ce chiffre astronomique correspond au coût total de l'événement, selon les estimations de la rédaction. L'article ci-contre est tiré de ce numéro spécial anti-JO.

Les Jeux olympiques d'hiver ne font pas consensus chez les autochtones de la Colombie-Britannique. Certes, la Société des Quatre Premières Nations hôtes (*Four Host First Nations Society, FHFN*), qui est membre du comité organisateur, témoigne du soutien accordé par les chefs et les conseils de bande [autorités chargées d'administrer les réserves indiennes] de quatre communautés autochtones – les Lil'wats, les Musqueams, les Squamishs et les Tsleil-Wautuths. Mais certains des militants anti-JO les plus véhéments sont issus de ces mêmes communautés. Ils voient dans les Jeux une menace pour la culture autochtone et les terres ancestrales. Le développement économique vanté par leurs dirigeants n'est à leurs yeux qu'un leurre. Cette opposition s'explique par le fait que la vaste majorité du territoire de la Colombie-Britannique appartient toujours, d'un point de vue juridique, aux Indiens. Selon la Proclamation royale de 1763 [édictée par la Couronne britannique pour réorganiser la Nouvelle-France après sa conquête], les autorités doivent négocier des traités avec les peuples autochtones avant de pouvoir organiser la colonisation de leurs territoires. Différents traités ont bien été signés ailleurs au Canada, mais pas en Colombie-Britannique : la province peut donc bien être considérée comme un territoire autochtone non cédé – ou volé.

## Les Jeux olympiques d'hiver ne font pas consensus chez les autochtones de la Colombie-Britannique.

Selon Gord Hill, issu de la nation Kwakwaka'wakw et rédacteur en chef du site d'opposition aux Jeux olympiques n°2010.com, la division des communautés autochtones à propos des Jeux découle de la structure même du conseil de bande. « *La loi sur les Indiens [du Canada] fomente la division : elle a été conçue pour mettre en place des conseils favorables au gouvernement et prêts à mettre en œuvre les politiques dictées par celui-ci. Près de 60 000 autochtones vivent dans la région de Vancouver. Pourtant, la FHFN ne compte que quelque 6 000 membres.* » Des traités sont en cours de négociation, mais les pourparlers piétinent. Et la tenue des JO vient compliquer la situation aux yeux des opposants, qui craignent que l'événement n'attire encore plus d'investissements étrangers à Vancouver et en Colombie-Britannique.

Chaque dollar investi encourage en effet le gouvernement à continuer d'ignorer les revendications territoriales amérindiennes, en plus de mettre en branle des activités dommageables pour l'environnement. Hill se dit opposé à la tenue des JO « *à cause des lourdes conséquences sociales et environnementales qu'ils entraînent, notamment la destruction écologique liée à l'élargissement de l'autoroute Sea-to-Sky [de la mer au ciel], qui relie Vancouver à Whistler [où se tiendront les épreuves de glisse], et à la construction des sites olympiques de montagne. Le gouvernement espère également utiliser les Jeux pour accroître les investissements étrangers dans l'exploitation minière, pétrolière et gazière et les stations de ski, menaçant ainsi davantage les peuples autochtones et leurs territoires.* »

La calotte glaciaire au point 666.

# GROENLAND

→ TAUX D'ALPHABÉTISATION : **NC**
→ ESPÉRANCE DE VIE : **70 ans**
→ DURÉE DE LA NUIT POLAIRE À ILULISAT : **3,5 mois**

Au Groenland, plus de repères. Plus de notion d'espace dans un pays où rien ne donne l'échelle, pas un arbre, pas une route, l'œil s'y perd. Un tapis de mousse pourrait être une forêt équatoriale vue d'avion, les icebergs des cubes de glace, les montagnes des cailloux. Les rares constructions, bizarrement colorées, sont si incongrues dans un paysage aussi fou qu'elles font l'effet de maquettes dans un jeu de train électrique.

Pas de notion de temps, en été on est dans un jour permanent, une drôle d'équation mathématique exacte : un jour égale trois mois. Pas même un peu de crépuscule, a-t-on dormi une heure ? dix heures ?

Plus même de couleur, le Groenland – Greenland, le pays vert – est blanc sur 85 % de son territoire, une calotte uniformément blanche, un blanc blanc, jamais cassé d'une pointe de couleur, parfois un peu accidenté sur les glaciers, mais sur des centaines de kilomètres il est d'une telle uniformité, d'une telle régularité, que l'on se demande si ce n'est pas un épais brouillard, mais non, la visibilité est bonne, et l'horizon blanc bien dessiné sur le ciel bleu.

Ce n'est pourtant pas monotone, peut-être justement à cause de ce dépaysement total et absolu ; partout ailleurs on s'ennuierait, ici la fascination opère.

Impure pureté : si près des pôles, on croit toucher à la pureté originelle, enfin. Blanc immaculé, inviolé, etc. Non. Le Gulf Stream renvoie vers le pôle toutes les molécules chimiques qui traînent dans nos eaux. Celles-ci, qui se détériorent relativement rapidement sous des températures tempérées, ne se détruisent plus en arrivant dans les mers froides, comme dans un grand congélateur. L'Arctique conserve tout, garde tout précieusement, des déchets industriels à nos rejets de surconsommateurs : antibiotiques, antiépileptiques, antidépresseurs. Les poissons, les baleines et tous ceux qui en vivent, phoques, ours polaires, Inuits, en sont bourrés. Les ours polaires mutent bizarrement, un pour cent d'entre eux est maintenant hermaphrodite, et tous les Inuits du Groenland, pourtant bien loin des sources polluantes, ont des taux de cochonneries dans le sang largement supérieurs aux maximums recommandés par l'OMS – à tel point que l'on conseille officiellement à ceux qui ont une santé fragile de laisser tomber la nourriture traditionnelle au profit des hamburgers importés, qui arrivent par hélicoptère. Ça tombe bien, notez : avec la fonte de la banquise, la pêche se fait difficile, la couche de glace est fine, c'est gênant, et quand on peut pêcher, les poissons sont de plus en plus petits...

# DANEMARK

→ TAUX D'ALPHABÉTISATION : **100 %**
→ ESPÉRANCE DE VIE : **78 ans**
→ TAILLE DE LA *PETITE SIRÈNE* : **1,25 m**

# FINLANDE

→ TAUX D'ALPHABÉTISATION : **99,5 %**
→ ESPÉRANCE DE VIE : **79 ans**
→ NOMBRE DE LACS : **187 888**

# NORVÈGE

→ TAUX D'ALPHABÉTISATION : **100 %**
→ ESPÉRANCE DE VIE : **80 ans**
→ CLASSEMENT IDH : **n° 1**

Avant de partir, on pense à Björn Borg ou Mats Wilander, à la sublime Agnetha d'ABBA, et bien sûr à Greta Garbo ou Ingrid Bergman. Mais ce sont des êtres à peine réels, des icônes trans-humaines. Alors, est-ce que les Scandinaves sont vraiment beaux ? Il suffit de se balader, et la réponse est oui, indubitablement : ce pays est peuplé d'êtres plastiques et longilignes, aux cheveux ensoleillés. Il semble que ce ne soit pas d'hier, à voir l'élégance des gravures de Tanum ! Les étreintes passionnées des jeunes mariés préhistoriques de Vitlycke ont porté leurs fruits, ils vécurent heureux et eurent beaucoup d'enfants, tout le portrait de leurs parents.

Paysage de Norvège.

# SUÈDE

→ TAUX D'ALPHABÉTISATION : **100 %**
→ ESPÉRANCE DE VIE : **81 ans**
→ NOMBRE DE DISQUES VENDUS
   PAR ABBA : **450 millions**

Ce pays est peuplé d'êtres plastiques et longilignes, aux cheveux ensoleillés.

Cɪ-ᴄᴏɴᴛʀᴇ
Feu de camp en Norvège.
Eɴ ʙᴀs
Le quartier de Nyhavn
à Copenhague.

## ANGLETERRE

- → TAUX D'ALPHABÉTISATION : **99 %**
- → ESPÉRANCE DE VIE : **79 ans**
- → NOMBRE DE STATIONS DU MÉTRO DE LONDRES : **274**

## ÉCOSSE

- → TAUX D'ALPHABÉTISATION : **98 %**
- → ESPÉRANCE DE VIE : **81 ans**
- → POURCENTAGE D'ÉCOSSAIS PORTANT LE KILT : **12 %**

## IRLANDE

- → TAUX D'ALPHABÉTISATION : **99 %**
- → ESPÉRANCE DE VIE : **79 ans**
- → NOMBRE DE MORTS LORS DE LA GRÈVE DE LA FAIM DE 1981 : **10**

## PAYS DE GALLES

- → TAUX D'ALPHABÉTISATION : **99 %**
- → ESPÉRANCE DE VIE : **79 ans**
- → NOMBRE D'ÉPISODES DE LA SÉRIE *LE PRISONNIER* TOURNÉS DANS LE VILLAGE DE PORTMÉRION : **17**

Avant, bien avant d'y aller, on a déjà choisi son clan : punk ou rock, Beatles ou Rolling Stones, Mary Quant ou Vivienne Westwood, golf ou football, Chelsea ou Manchester United, club ou pub, bière ou whisky, fish ou chips. Maintenant, on pourra y chasser du rouge, celui des autobus à deux étages (on se précipitera en haut), des cabines téléphoniques en voie de disparition, des seaux à incendie. On pourra y chasser des chimères, châteaux hantés et monstres de lacs, on pourra chasser le cafard à coup de sons et de couleurs, *to dream, I dreamt, dreamt,* sans les Britanniques aurions-nous pu grandir ?

J'ai eu de la chance, le ciel était chargé : l'Irlande est plus belle encore sous ses nuages tellement gris qu'ils en sont bleus, jouant à cache-cache avec le soleil, ombres mouvantes qui font bouger le paysage, couleurs fondues, une lumière douce et dramatique à la fois. Les seules taches de couleurs vives sont, à Dublin, les portes et les murs peints. Voici enfin l'averse, prétexte pour se réfugier dans un pub, boire un Irish coffee (si l'averse est le matin, on traîne au bed and breakfast devant l'Irish breakfast : œufs frits, saucisses, *beans* et *mashed potatoes*).

CI-DESSUS
Mur peint à Dublin.

PAGE DE GAUCHE EN HAUT
Le Parlement à Londres.
EN BAS
Noël à Londres.

Le parc national Lauwersmeer.

# PAYS-BAS

→ TAUX D'ALPHABÉTISATION : **98 %**
→ ESPÉRANCE DE VIE : **80 ans**
→ POURCENTAGE DU TERRITOIRE SOUS
  LE NIVEAU DE LA MER : **25 %**

Les Pays-Bas sont un pluriel. Longtemps, Amsterdam a suffi à mes voyages, elle est déjà multiple : celle des musées, celle des canaux, des coffee shops, des restaurants indonésiens. Puis, un jour, je me suis lancée, j'ai continué : Rotterdam, Delft, et cap plein nord, j'ai suivi les champs de tulipes, tableau abstrait géant d'un Buren converti au multicolore, traversé les polders, longé des moulins de cartes postales et des vaches bicolores. On a roulé jusqu'à se cogner contre une digue qui casse l'horizon, titanesque rempart pour protéger les hommes, signifier à la mer sa nouvelle frontière. Plus au nord on ne pouvait pas avancer, il eût fallu devenir baleine, alors on s'est arrêté, on a regardé le soleil finissant sur le lac du parc Lauwersmeer.

Région de Rotterdam.

# BELGIQUE

→ TAUX D'ALPHABÉTISATION : **99,1 %**
→ ESPÉRANCE DE VIE : **79 ans**
→ TAUX D'AGRANDISSEMENT DE LA MAILLE
DE CRISTAL DE FER POUR L'ATOMIUM :
**165 milliards**

Elle est si petite, si plate, si proche, que je l'oublierais presque, notre voisine, juste une bonne blague, comme à la marelle je sauterais par-dessus. Pourtant, elle est tout un univers d'art, de vie et de sourires mêlés, depuis l'enfance, quand Dick Annegarn susurrait Bruxelles, ma belle. J'y retrouve mes personnages de BD préférés, je mange de gros cornets de frites, avec de la mayo, je plonge dans un futur daté à l'Atomium, délicieusement *sixties*, et la Renaissance flamande, et le musée Magritte, et la mer du Nord, et Anvers, et Bruges la Venise du Nord. Mais je sais bien que ce n'est pas pour ça que j'y traîne. C'est parce que je n'ai pas trop envie de rentrer.

Friterie.

**EUROPE** En Allemagne, en Italie ou en France, des villes archivent des journaux intimes de gens ordinaires – une façon de donner du concret à l'Histoire.

# La précieuse mémoire de M. Tout-le-monde

**TROUW POUR COURRIER INTERNATIONAL**

Monica Soeting
25.02.2010

Une vieille malle trône sur la table. « *Elle vient d'arriver* », dit Gerhard Seitz en soulevant précautionneusement le couvercle. Il en extrait quelques photos et cahiers, qui se révèlent être le journal intime d'une artiste de variétés allemande qui a eu son heure de gloire dans les années 1930. Après son décès, la malle s'est retrouvée sur un marché aux puces de Berlin. Quelqu'un l'a achetée et a envoyé tout ce fourbi à Gerhard Seitz. Seitz est le directeur du Deutsches Tagebucharchiv, les archives allemandes de journaux intimes, à Emmendingen, une ville de la Forêt-Noire. « *Nous recevons assez souvent des trouvailles de ce genre* », commente-t-il. Depuis que Frauke von Troschke a créé ce centre d'archivage, en 1998, plus de 200 journaux intimes arrivent chaque année, même de personnes encore en vie. Les journaux doivent répondre à deux critères : être rédigés en allemand et ne pas avoir été publiés. Trois pièces sombres du vieil hôtel de ville d'Emmendingen hébergent cette impressionnante collection de cahiers, de carnets de notes et de journaux intimes, parfois reliés de manière professionnelle. Le document le plus ancien – un carnet de voyage bariolé, dans lequel l'auteur s'intéresse surtout aux qualités physiques des jeunes filles qui croisent son chemin – date du début du XIXe siècle. Les écrits les plus impressionnants sont les carnets de guerre. « *Parfois, quelqu'un envoie un journal dans lequel il raconte les choses terribles qu'il a faites pendant la guerre, raconte Seitz. Ce sont des personnes qui n'osent pas parler de leurs expériences, mais veulent quand même les consigner.* » Von Troschke a créé ces archives après avoir visité celles de la petite ville italienne de Pieve Santo Stefano, constituées en 1984. C'est un endroit où l'on peut déposer ses souvenirs avec la certitude qu'ils seront conservés. Les fondateurs de ces archives italiennes se sont également laissé guider par l'idée que ce ne sont pas seulement les souverains, les généraux et les politiciens qui

> Parfois, quelqu'un envoie un journal dans lequel il raconte les choses terribles qu'il a faites pendant la guerre.

font l'Histoire, mais aussi les gens ordinaires. « *Ce genre d'écrits autobiographiques donne du concret à l'Histoire, estime Seitz. On a toujours collectionné des journaux intimes, mais il s'agissait la plupart du temps de journaux de gens célèbres, écrivains ou politiciens. Ce qui nous importe, ce sont les expériences du commun des mortels.* » Il existe également des archives de journaux intimes en France. En 1992, la bibliothèque publique de Nyon [en Suisse, sur les rives du Léman] a organisé une exposition de carnets intimes et de correspondances non publiés. L'un de ses initiateurs, Philippe Lejeune, a fondé la même année, avec d'autres passionnés, l'Association pour le patrimoine autobiographique (APA), qui stocke des journaux intimes à la bibliothèque publique d'Ambérieu-en-Bugey, à côté de Lyon. Et aux Pays-Bas, qu'en est-il ? En 1944, le ministre de l'Éducation, Gerrit Bolkestein, demanda à la population néerlandaise, via Radio Oranje, de conserver les textes qu'ils avaient écrits sur leurs expériences quotidiennes. Ses motivations étaient les mêmes que celles de von Troschke ou de Lejeune.

En 1946, l'Institut national néerlandais pour la documentation sur la guerre (RIOD), qui venait d'être créé, demanda à la population néerlandaise de lui céder ses journaux, correspondances et photos de guerre. Des milliers de personnes ont répondu à l'appel. Depuis, l'institut possède une magnifique collection de carnets de guerre – notamment ceux d'Anne Frank, mais aussi d'un grand nombre d'inconnus. On peut également trouver des journaux intimes à l'Institut pour l'histoire des femmes (ALETTA). En outre, des écrits datant d'avant 1918 sont inventoriés depuis les années 1990 à l'université Erasmus de Rotterdam. Mais supposons que vous possédiez un journal postérieur à 1918 et sans rapport direct avec la guerre ou le féminisme. Où pouvez-vous le mettre en sécurité ? En d'autres termes, où se trouvent les archives néerlandaises des journaux intimes ? Nulle part, hélas.

# FRANCE

Dis, quand est-ce qu'on repart ?

Le cri. Arrivée d'un TGV à la gare Montparnasse.

ESPAGNE

C'est le roi Alphonse XIII qui, souhaitant un grand avenir touristique à l'Espagne, décida en 1926 de créer la première auberge *parador*, dans la sierra de Gredos. Depuis, le réseau des *paradores* permet aux voyageurs de découvrir le pays de Don Quichotte en logeant dans des endroits parfois exceptionnels : châteaux, couvents, palais...
http://www.paradores-spain.com/

MAROC

Au XVIIIᵉ siècle, le sultan alaouite Sidi Mohamed ben Abdallah a offert son jardin à son fils, Arsat Al Mamoun, en cadeau de mariage. Devenu prince, celui-ci l'utilisait comme lieu de plaisance pour la *nzaha*, une coutume en usage dans plusieurs cités marocaines, que l'on pourrait comparer à celle des *garden parties*. Le parc abrite aujourd'hui l'hôtel La Mamounia.
Avenue Bab Jdid, 40040 Marrakech.
Tél. : (212) 524 388 600.
informations@mamounia.com
Extrême inverse, goûter à la vie du désert dans des camps nomades du sud du Maroc.
http://www.camps-nomades.com

SÉNÉGAL

Hôtel de la Poste, relais de l'Aéropostale depuis 1850, l'hôtel de Mermoz à Saint-Louis-du-Sénégal. BP 48.
Tél. : (00-221) 33 961 11 18 /
(00-221) 33 961 11 48.
Fax : (00-221) 33 961 23 13.
htlposte@orange.sn

MALI

L'hôtel La Falaise se trouve à Bandiagara, capitale du pays dogon. Le directeur dogon, Papa Napo, organise des balades en pays dogon et coordonne des projets d'aide au développement local.
Tél. : (+223) 244 21 28.
http://www.hotel-lafalaise-mali.com/

AFRIQUE DU SUD

Construite par l'architecte allemand Kallenbach au début du XXᵉ siècle, la Satyagraha House a hébergé l'architecte ainsi que son très cher ami Mohandas Gandhi, qui était alors avocat à Johannesburg. Gandhi, très actif pour les Indiens vivant en Afrique du Sud afin de leur permettre de ne pas être discriminés et de pouvoir vivre

et circuler librement dans le pays, s'opposa dès 1908 au gouvernement sud-africain et fit là-bas son premier séjour en prison. Il théorisera durant son séjour la *satyâgraha* (lutte par la force de la vérité, ou lutte par la non-violence).
Dédiée à la mémoire de la *satyâgraha* et de Gandhi, la Satyagraha's Guest House est un lieu paisible, simple et parsemé d'objets, de photographies, de livres qui situent la maison dans son histoire et dans celle de son illustre occupant. Partiellement transformée en mini-hôtel, la Satyagraha House ouvrira progressivement fin 2010.
http://www.vdm.com/voyage-sur-mesure/hebex/Satyagraha-House/maison-de-gandhi

MADAGASCAR

Le parc national de l'Isalo, au centre de l'île, s'étend sur près de cent kilomètres dans le sens nord-sud. Un paysage époustouflant, entaillé de profonds canyons et hérissé de pics. Hôtel agréable et familial, Les Joyeux Lémuriens. Rue principale Ranohira. Huit chambres rustiques.

KENYA

Au large des côtes kenyanes, l'archipel de Lamu est à explorer tranquille, au rythme des boutres. Si certains *lodges* ont pris le parti de privatiser toute une île, on trouve aussi des endroits au cœur de la petite cité ancienne. Ainsi, sur le port de Lamu, un merveilleux hôtel situé face à la mer : deux magnifiques maisons swahili divisées en cinq chambres, dans un cadre enchanteur – terrasse, mobilier raffiné, espace de détente, coins et recoins, un véritable palais des *Mille et Une Nuits*. Les chambres sont immenses, décorées sobrement avec un mobilier et une architecture reprenant les classiques du luxe swahili. Chacune possède une grande terrasse privée avec vue sur la mer, les ruelles de Lamu ou les cours intérieures de l'hôtel.
Lamu House Hotels.
Tél. : (04246) 42633491.

ÉGYPTE

Bateau à vapeur construit à l'aube du XXᵉ siècle, le *Steam Ship Sudan* renoue avec un certain esprit du voyage, un hommage à la lenteur. Le bateau est habité par la mémoire des voyageurs de la Belle Époque qui l'ont emprunté, et celle d'Hercule Poirot qui l'a arpenté grâce la plume

d'Agatha Christie... Cuivres et boiseries : le temps s'est arrêté...
http://www.steam-ship-sudan.com

INDE

Broadlands Lodge. 18 Vallabha Agraharam st, Triplicane, Chennai (Madras).
Tél. : +91 44 28545573.
broadlandshotel@yahoo.com

PHILIPPINES

Francis Pa pourra vous guider dans le pays kalinga (son adresse : Tinglayan – Kalinga province – Philippines). Si vous n'avez pas le temps de lui écrire, descendre du *jeepney* à Tinglayan et demander Francis Pa.

BRÉSIL

Au cœur du Pelourinho, le centre historique de Salvador de Bahia, l'hôtel La Villa Bahia est un hôtel de charme à dimension humaine, avec dix-sept chambres, qui retracent les principales étapes historiques des découvreurs portugais, de leurs comptoirs d'Afrique et d'Asie, des routes maritimes, étroitement liées au commerce des épices. Les parties communes évoquent le génie des grands navigateurs – Pedro Alvarez Cabral qui en 1500 découvrit le Brésil, Magellan, Vasco de Gama – qui leur a permis de rapprocher les mondes.
La Villa Bahia. Largo do Cruzeiro de Sao Francisco, n°16/18 Pelourinho Salvador - BA.
Tél. : 00 55 (71) 3322 4271.
http://www.lavillabahia.com

CANADA

L'abri du voyageur, 9, rue Sainte-Catherine Ouest. Montréal, Québec. Comme aux États-Unis, s'arrêter au hasard dans les motels au bord des routes...

29 OCTOBRE

MUE DE SERPENT

Plats malgaches:
Romazava
Rougail tomate
Achars de légumes
Ravitoto (aux feuilles de Manioc - Kasava)

MUE DE FEMME

Balade au village de Vohilava au petit matin.
Puis l'île aux Nattes, avec Charles. Comme un
mini jardin d'épices de Zanzibar, on y voit
citronnelle, cannelle, poivre, vanille, café, girofle,
cajou ... et mignons villages.

Carnet de Madagascar.

Dimanche 30 juillet.

On traîne dans Lhassa (petit déj interminable
au Naga, Internet). Puis longue marche dans
la banlieue vers le monastère Pabonka.
Joli, sans touristes. Moines gentils. Accès gratuit...

Carnet du Tibet.

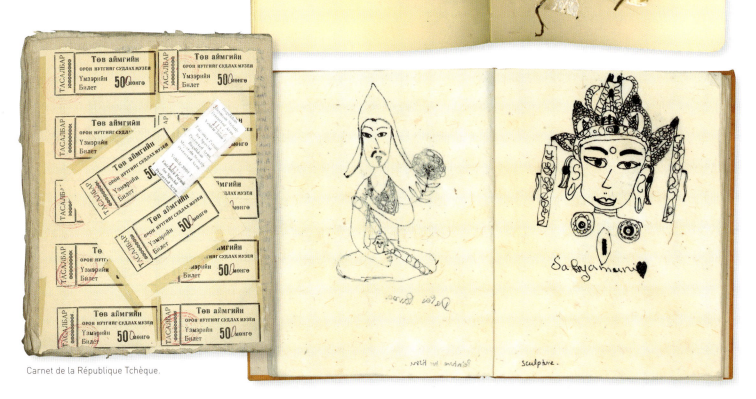

Sakyamuni

sculpture.

Carnet de la République Tchèque.

Carnet du Ladakh, dessins de ma fille.